DISCLAIMER

The author and publisher are providing this book and its contents on an "as is" basis and make no representations or warranties of any kind with respect to this book or its contents. The author and publisher disclaim all such representations and warranties, including but not limited to warranties of merchantability. In addition, the author and publisher do not represent or warrant that the information accessible via this book is accurate, complete, or current.

Except as specifically stated in this book, neither the author nor publisher, nor any authors, contributors, or other representatives will be liable for damages arising out of or in connection with the use of this book. This is a comprehensive limitation of liability that applies to all damages of any kind, including (without limitation) compensatory; direct, indirect, or consequential damages; loss of data, income, or profit; loss of or damage to property; and claims of third parties.

This Book Comes With Free Bonus Puzzles

Available Here:

BestActivityBooks.com/WSBONUS20

5 TIPS TO START!

1) HOW TO SOLVE

The Puzzles are in a Classic Format:

- Words are hidden without breaks (no spaces, dashes, ...)
- Orientation: Forward & Backward, Up & Down or
  in Diagonal (can be in both directions)
- Words can overlap or cross each other

2) ACTIVE LEARNING

To encourage learning actively, a space is provided next to each word to write down the translation. The **DICTIONARY** allows you to verify and expand your knowledge. You can look up and write down each translation, find the words in the Puzzle then add them to your vocabulary!

3) TAG YOUR WORDS

Have you tried using a tag system? For example, you could mark the words which have been difficult to find with a cross, the ones you loved with a star, new words with a triangle, rare words with a diamond and so on...

4) ORGANIZE YOUR LEARNING

We also offer a convenient **NOTEBOOK** at the end of this edition. Whether on vacation, travelling or at home, you can easily organize your new knowledge without needing a second notebook!

5) FINISHED?

Go to the bonus section: **MONSTER CHALLENGE** to find a free game offered at the end of this edition!

Want more fun and learning activities? It's **Fast and Simple!**
An entire Game Book Collection just **one click away!**

Find your next challenge at:

BestActivityBooks.com/MyNextWordSearch

Ready, Set... Go!

Did you know there are around 7,000 different languages in the world? Words are precious.

We love languages and have been working hard to make the highest quality books for you. Our ingredients?

A selection of indispensable learning themes, three big slices of fun, then we add a spoonful of difficult words and a pinch of rare ones. We serve them up with care and a maximum of delight so you can solve the best word games and have fun learning!

Your feedback is essential. You can be an active participant in the success of this book by leaving us a review. Tell us what you liked most in this edition!

Here is a short link which will take you to your order page.

BestBooksActivity.com/Review50

Thanks for your help and enjoy the Game!

Linguas Classics Team

1 - Antiques

```
D E H B I J I E T L E D G E
X G G A L L E R I J A H L L
Z Q M K O L L E T T U R T E
K W A L I T À B U Z V H N G
M Q A R U T L U K S A A E A
I U A W T U I C I Z L A M N
I S N D T F T H V Z U M I T
R E M I I E S I W Z R E T I
K K T Z T M N L G E O Y S E
A L M I V I T T A R O K E D
N U K J W G T D I P B C V D
T R E S T A W R T K Q K N Q
G Ħ A M A R A V R N U B I Y
B E A E L V X J A I R V Q M
```

ARTI   INVESTIMENT
IRKANT   DEHBIJIET
AWTENTIKU   QADIM
SEKLU   PREZZ
MUNITI   KWALITÀ
KOLLETTUR   RESTAWR
DEKORATTIVI   SKULTURA
ELEGANTI   STIL
GĦAMARA   VALUR
GALLERIJA

2 - Food #1

```
K A N N E L L A Z B I L A Ħ
K Ħ A B A Q E X O S A J O I
A J T H K H N T K G P S Y L
R A X E S A K E K G P X L W
A C X A W M Y J O O O B V A
W T O N N M N E R S S D X R
E M H P D U B E R Q U Q B F
T C E Y D H L A N Ġ A S L A
T A Y R I N S A L A T A U Q
X P I Ċ A N I P S M N A M L
G X N S P Q S R C S P U I E
Ħ Z U N N A R I J A C N J B
I U A X Y G G Q M S M E L Ħ
R R X G W R Q C E L N E B S
```

BERQUQ	KARAWETT
XGĦIR	LANĠAS
ĦABAQ	INSALATA
ZUNNARIJA	MELĦ
KANNELLA	SOPPA
TEWM	SPINAĊI
MERAQ	FRAWLI
LUMI	ZOKKOR
ĦALIB	TONN
BASLA	AQLEB

3 - Measurements

```
G  S  C  T  P  B  R  V  C  F  I  R  Q  Ċ
U  R  P  V  Z  Q  M  X  O  B  D  X  G  E
Q  O  A  T  U  N  I  M  I  L  O  Ħ  G  N
I  W  S  M  D  W  T  Y  N  D  U  I  K  T
J  I  S  M  M  K  U  P  O  X  K  M  I  I
A  S  A  M  V  A  N  D  M  W  J  F  L  M
W  A  M  A  E  T  O  N  P  I  Ż  F  O  E
M  E  T  R  U  P  Q  O  U  U  R  I  M  T
E  G  S  G  T  U  L  F  G  D  Z  U  E  R
R  M  K  O  L  I  T  R  U  R  U  I  T  U
R  R  H  L  B  Y  T  E  L  F  A  O  R  R
Q  L  H  I  L  A  M  I  Ċ  E  D  D  U  F
Y  I  M  K  P  U  L  Z  I  E  R  J  N  T
D  N  I  F  V  C  W  J  U  T  W  R  X  T
```

BYTE	TUL
ĊENTIMETRU	LITRU
DEĊIMALI	MASSA
GRAD	METRU
FOND	MINUTA
GRAMMA	UQIJA
GĦOLI	TON
PULZIER	VOLUM
KILOGRAMM	PIŻ
KILOMETRU	WISA'

4 - Farm #2

```
F I R R I G A Z Z J O N I D
Ħ R L C M T R A T T U R Z O
A V O H G E L W X E I N Ħ Q
R D E T B D R D J Y M A B Q
U N A Ġ T W B G A I I G A A
F W D H E D X V Ħ M S Ħ R J
A J I W R T E I G A J A N S
P A P R A B A R A P U Ġ G N
B I D W I H N L R E R M Q Q
I R G R S W I E I X G Ħ I R
L C N Q I X D K N V J G Z Y
A X H W J C R I V G S Y S A
Ħ M A Q I L A M I N N A X F
X K O U K K Ġ E X Q K J W I
```

ANNIMALI	ĦNIEX
XGĦIR	MERGĦA
BARN	ĦALIB
DOQQAJS	ĠARDINA
PAPRA	MISJUR
BIDWI	NAGĦAĠ
IKEL	RAGĦAJ
FROTT	TRATTUR
IRRIGAZZJONI	VEĠETALI
ĦARUF	QAMĦ

5 - Books

```
H  F  Ġ  I  O  A  W  T  U  R  P  Q  A  L
Z  D  B  F  N  V  V  O  X  A  O  F  V  E
Q  U  I  W  W  V  A  R  N  J  E  E  V  T
P  R  R  P  V  E  E  R  V  X  Ż  K  E  T
M  T  A  C  S  H  P  N  T  D  I  V  N  E
K  T  U  K  I  Ġ  A  R  T  M  J  U  T  R
T  A  Z  G  K  Q  F  S  Z  I  A  P  U  A
B  R  A  J  R  O  T  S  Q  W  V  J  R  R
F  A  Q  Y  K  P  N  S  E  R  J  E  A  J
B  K  N  F  R  F  A  T  R  W  Ġ  R  H  U
S  T  O  R  I  K  U  Ġ  H  O  D  R  P  T
K  U  N  T  E  S  T  P  N  B  I  A  P  X
R  E  L  E  V  A  N  T  I  A  D  Q  W  M
J  R  S  H  U  M  O  R  I  S  T  I  K  U
```

AVVENTURA	RAKKONT
AWTUR	ĠDID
KARATTRU	PAĠNA
ĠBIR	POEŻIJA
KUNTEST	QARREJ
STORIKU	RELEVANTI
UMORISTIKU	SERJE
INVENTIV	STORJA
LETTERARJU	TRAĠIKU

6 - Meditation

```
E  B  Ħ  Ħ  E  U  K  T  J  X  M  X  P  T  Ċ
E  M  Ħ  U  J  Z  N  E  L  I  S  E  Q  A
D  O  O  F  U  A  E  I  M  H  R  R  G  R
K  R  M  Z  H  J  M  N  U  J  K  S  O  E
A  R  A  X  Z  D  I  O  Ż  A  N  P  N  Z
L  X  I  W  T  J  V  J  I  J  I  E  S  Z
M  U  P  B  W  P  O  Z  K  I  F  T  B  A
A  H  A  R  D  I  M  N  A  B  S  T  P  J
N  A  T  U  R  A  E  E  I  U  B  I  A  F
S  T  E  N  B  A  Ħ  T  N  J  O  V  Ċ  A
L  A  B  S  L  Q  K  T  E  T  I  A  I  Y
I  N  D  U  T  I  T  A  R  G  A  E  F  J
K  O  M  P  A  S  S  J  O  N  I  L  T  Q
E  S  H  Ħ  S  I  B  I  J  I  E  T  I  R
```

ATTENZJONI	MENTALI
STENBAĦ	MOĦĦ
NIFS	MOVIMENT
KALMA	MUŻIKA
ĊAREZZA	NATURA
KOMPASSJONI	PAĊI
EMOZZJONIJIET	PERSPETTIVA
GRATITUDNI	SILENZJU
DRAWWIET	ĦSIBIJIET
TJUBIJA	

7 - Days and Months

```
X A H A R Ġ I T T L I E T A
S R V K E I I L E R B G Ħ A
E F G A U R B M E V O N F Ħ
T K O L J C I Q G Z L P U G
T I G E L M B P P Ħ E F B M
E T S N U K V U D D A Ħ L I
M T G D L F O T T U B R U Ġ
B N V A I A J E B S Z Q Z L
R E Z R Y W Y A P I C G R I
U J X J U W L S N Y S G A A
P N D U F I P O S N G S M P
T L B B G S S E N A A M I R
X W V Y A S E J B J Y R J I
F R A R G U I L Ħ A M I S L
```

APRIL   NOVEMBRU
AWWISSU   OTTUBRU
KALENDARJU   IS-SIBT
FRAR   SETTEMBRU
IL-ĠIMGĦA   IL-ĦADD
JANNAR   IL-ĦAMIS
LULJU   IT-TLIETA
MARZU   L-ERBGĦA
IT-TNEJN   ĠIMGĦA
XAHAR   SENA

8 - Energy

```
T  N  I  Ġ  Ġ  I  S  O  S  W  E  M  U  Z
T  C  B  A  T  T  E  R  I  J  A  A  X  J
E  Q  F  B  H  J  A  Z  S  I  N  G  I  X
F  L  I  W  U  J  F  U  Ħ  W  I  N  N  I
O  O  E  H  K  M  T  L  A  B  B  A  D  D
T  R  H  T  L  A  U  W  N  C  R  B  U  R
O  T  V  M  T  M  R  T  A  V  U  J  S  O
N  E  K  M  K  R  E  B  U  H  T  K  T  Ġ
O  P  P  J  H  Ħ  I  R  O  R  Y  H  R  E
A  M  B  J  E  N  T  K  T  N  A  S  I  N
E  L  E  T  T  R  O  N  U  L  J  K  J  U
R  I  N  N  O  V  A  B  B  L  I  U  A  L
N  U  K  L  E  A  R  I  D  I  E  S  E  L
E  N  T  R  O  P  I  J  A  S  Q  B  E  P
```

BATTERIJA	SĦANA
KARBONJU	IDROĠENU
DIESEL	INDUSTRIJA
ELETTRIKU	MUTUR
ELETTRON	NUKLEARI
MAGNA	FOTON
ENTROPIJA	TNIĠĠIS
AMBJENT	RINNOVABBLI
FJUWIL	TURBINA
PETROL	RIĦ

9 - Archeology

```
M F A R W X U F O J Y R M R
I R G A D H E D K C Y I I D
N E U B K V F M L V B Ċ S I
S K J A N T I K I T À E T X
I L P Q N H P A B V R R E X
J T M A D A Ħ G T D E K R E
A S E F O S S I L I L A U N
A N T I K Ċ L R M M I T O D
B U R Ż B B I U U L K U Ġ E
O T E I J J V V U Z W R Ġ N
C R P L J L E I I B A Y E T
S Y S A T I M S D L J V T N
Y U E N N A Q E S K T H T S
E R A A X D W G T F D À I U
```

ANALIŻI
ANTIK
ANTIKITÀ
GĦADAM
ĊIVILTÀ
DIXXENDENT
ERA
ESPERT
SEJBIET

MINSIJA
FOSSILI
MISTERU
OĠĠETTI
RELIKWA
RIĊERKATUR
TIM
TEMPJU
QABAR

10 - Food #2

```
T A D A M A W K Ħ P O Ċ G K
U N J L S Z K N U M S Ċ Ħ I
Ż N R Ġ E I Ġ I T M A O E D
R K K I W I T E H J S Q N O
E B A T J W B M X K A A E B
P R F R N B Y O L X R Q B A
U U A U F B Ħ O B Ż I I T J
A N Q G G U A W I Q Ċ V U D
B Ġ Q O F F S N O B O Ġ F H
A I I J N A S O A O S D F O
E E E F U U O F T N Q S I K
M L G N B W R E F G A M E P
M P Ħ Ċ I K K U L A T A Ħ M
G C H N Q K S K O T R T H E
```

TUFFIEĦ	BRUNĠIEL
QAQOĊĊ	ĦUT
BANANA	GĦENEB
ĦOBŻ	PERŻUT
KARFUS	KIWI
ĠOBON	FAQQIEGĦ
ĊIRASA	ROSS
TIĠIEĠ	TADAMA
ĊIKKULATA	QAMĦ
BAJD	JOGURT

11 - Chemistry

```
K L M M K K S M M I Y G I T
A B N O K L P Y D I D V D E
T A Ħ L E M O I C N T D R M
A K U E N E Y R Ż Q B N O P
L M T K I N Z A U J U U Ġ E
I D A U L I K W I D U K E R
S Ċ M L A N U V O J R L N A
T A I A K O J K S L W E U T
E T Ż N L J N S S G Q A R U
T O N A A C O Z I F Y R P R
Y M E Ħ B G B T Ġ U D I Ċ A
T I S S A G R R N T E J S O
N K R R V E A O U U F S O O
W A B P K X K J O S B B G F
```

AĊIDU	JONI
ALKALIN	LIKWIDU
ATOMIKA	MOLEKULA
KARBONJU	NUKLEARI
KATALIST	ORGANIĊI
KLORU	OSSIĠNU
ENŻIMA	MELĦ
GASS	TEMPERATURA
SĦANA	PIŻ
IDROĠENU	

12 - Music

```
S U K I T T E L K E K N K R
Y D M K K B A R M O N I J A
K K H A A A A J I D O L E M
M O P N N K I L N F E Z C U
I K R T T G T K L S M G I B
K L Z A A C W V C A B C L L
R A M C N R I T M U D O D A
O S V U T K S T R U M E N T
F S O K Ż R I T M I K U I F
O I K I B I L A K I Ż U M L
N K A T D V Ċ J J C G X A T
U U L E W U Z I L I R I K U
O P I O O P R A S T E M P O
Q T Y P N C L R A T H G N L
```

ALBUM	MUŻIKALI
BALLAD	MUŻIĊIST
KOR	OPRA
KLASSIKU	POETIKU
EKLETTIKU	RITMU
ARMONIJA	RITMIKU
STRUMENT	IKANTA
LIRIKU	KANTANT
MELODIJA	TEMPO
MIKROFONU	VOKALI

13 - Family

```
K U Ġ I N N R Ħ O C N D X N
Z C F T Ħ O E U M B A C N O
T E L U C T I P M J N Y S E
C Z N P X F S D U L N S G N
O B U E S A S Y U T A O D Z
C I I N Z L I Y A N I P B I
N A N N U C M M B I J J I J
Y Y M O Z E A Z X B Y K A U
X S B A P I A R A Ġ E L N J
K M D H T R J T F U L I J A
F U E J V E Z A T E W M I N
A A L E U T R A M W K U W K
A N T E N A T N I Y Z H X W
E O M L C H K U I A I D X G
```

ANTENAT	NEPUTI
ZIJA	RAĠEL
ĦU	MATERNI
TFAL	OMM
TFULIJA	NEPUTIJA
KUĠIN	OĦT
BINT	TEWMIN
MISSIER	ZIJU
NANNU	MART
NANNA	

14 - Farm #1

```
Q A S A M T Z N L E R M Y R
N R A Ħ G E I R R E Ż W I F
M Q Z B C G I B L E K Z G A
R A J N I L F D E W Y S Ħ L
Q B I L M A W A E N O U A H
F E R T I L I Z Z A N T S G
H F A Q Y Ċ T S Ż H G T E Ħ
F T M L V I Y I D I A A L O
N A Ħ L A N J J Ġ J E Q K Ġ
A F H T N T B V E I S M Q O
M O G Ħ O Ż I U B R E W E L
A O Y K A J S S O R A Ġ M L
T A R U T L O K I R G A A L
W S P B P W N I P G Y G V A
```

AGRIKOLTURA
NAĦLA
BISON
GĦOĠOL
QATTUS
TIĠIEĠ
BAQRA
F'LINJA
KELB
ĦMAR

ĊINT
FERTILIZZANT
QASAM
MOGĦOŻ
TIBEN
GĦASEL
ŻIEMEL
ROSS
ŻERRIEGĦA
ILMA

15 - Camping

```
T G S J I A L X X O B N U I
I O I C R N V K A P P E L L
N S Ġ S U P S V K R X L E M
D T A N N B C E E Y S N B H
A F R C E H T E T N L S A O
A P M H K G Z A L T T W Ħ I
K A B I N A J N A T N U M E
W I I V K E Y M A Z Q A R R
Z F G X A A D M P R F F A A
U P Z M U P G N P I V U N M
F O R E S T I L A M I N N A
N A T U R A T J M L A G W Q
K A Ċ Ċ A T A G Ħ M I R R W
Q X F E F Y C E B L O Y C A
```

AVVENTURA

ANNIMALI

KABINA

KENURI

BOXXLA

TAGĦMIR

NAR

FORESTI

GOST

KAPPELL

KAĊĊA

INSETT

LAG

MAPPA

QAMAR

MUNTANJA

NATURA

ĦABEL

TINDA

SIĠAR

16 - Algebra

```
I  S  E  M  P  L  I  F  I  K  A  O  D  Y
P  A  R  E  N  T  E  S  I  I  K  H  I  P
M  A  T  R  I  Ċ  I  O  N  Y  I  O  J  Y
D  K  D  S  T  N  E  N  O  P  S  E  A  S
Z  I  Q  H  T  O  O  K  X  U  O  V  G  O
T  N  A  Q  Q  I  S  J  O  C  O  X  R  L
C  O  I  S  P  N  L  N  Z  L  A  F  A  U
J  J  N  Ż  R  O  F  I  B  Z  Q  G  M  Z
F  Z  F  I  O  J  N  O  N  Q  A  N  M  Z
A  Z  I  E  B  Ż  U  E  R  E  U  R  A  J
T  A  N  D  L  I  M  S  D  M  A  B  F  O
T  W  I  A  E  V  R  L  R  Q  U  R  I  N
U  K  T  K  M  I  U  Ż  E  R  O  L  I  I
R  E  A  R  A  D  M  O  R  Z  S  J  A  K
```

ŻIEDA	LINEARI
DIJAGRAMMA	MATRIĊI
DIVIŻJONI	NUMRU
EKWAZZJONI	PARENTESI
ESPONENT	PROBLEMA
FATTUR	ISEMPLIFIKA
FALZ	SOLUZZJONI
FORMULA	TNAQQIS
FRAZZJONI	ŻERO
INFINITA	

17 - Numbers

```
Y  S  T  G  G  T  L  I  E  T  A  S  R  X
J  I  N  E  A  Ħ  G  S  I  D  J  B  N  R
G  T  A  K  R  S  O  Z  F  J  S  A  B  M
K  T  X  F  X  B  S  X  A  D  M  T  I  E
M  A  X  Q  A  D  A  I  R  H  A  A  Y  H
G  A  P  R  Ħ  H  Ħ  T  X  I  J  X  D  K
M  P  E  H  G  H  G  L  A  F  N  R  D  B
L  J  F  F  P  J  B  N  T  X  E  W  E  Ħ
S  A  Ħ  G  B  R  E  I  N  G  I  A  Ċ  M
G  I  N  Q  F  Y  S  M  I  P  M  Ħ  I  I
D  C  T  T  N  E  J  N  M  K  T  D  M  S
S  K  P  T  P  D  S  A  T  A  X  A  A  T
L  E  P  Q  A  Ħ  A  M  E  S  K  P  L  A
K  U  X  N  I  X  A  T  T  E  L  T  I  X
```

DEĊIMALI
TMIENJA
TMINTAX
ĦMISTAX
ĦAMES
ERBGĦA
ERBATAX
DISGĦA
DSATAX
WAĦDA

SEBGĦA
SBATAX
SITTA
SITTAX
GĦAXRA
TLETTAX
TLIETA
TNAX
GĦOXRIN
TNEJN

18 - Spices

```
S  K  G  B  M  Ħ  L  E  M  W  M  X  N  N
I  A  A  W  W  E  L  Ħ  C  H  S  M  U  U
N  Ż  O  R  R  L  J  M  F  U  T  K  O  T
N  K  A  M  D  U  B  O  T  K  R  C  M  M
A  O  K  G  G  A  L  R  E  E  E  R  G  E
T  R  I  K  Ħ  N  M  R  W  E  W  G  Y  G
O  S  R  A  V  F  W  O  M  R  J  W  C  J
G  A  P  N  A  E  R  L  M  G  M  C  Ż  F
Ħ  N  A  N  N  L  E  A  N  U  M  M  E  K
M  D  P  E  I  U  Ġ  L  N  N  P  J  I  E
A  R  M  L  L  V  N  S  H  E  A  X  B  M
L  U  W  L  L  Z  I  A  J  F  G  S  Ż  Z
M  Y  E  A  A  C  Ġ  B  M  L  L  X  U  H
B  Z  V  H  W  K  I  O  Y  Q  Q  H  B  E
```

ĦLEWWA	TOGĦMA
MORR	TEWM
KARDAMOMU	ĠINĠER
KANNELLA	NUTMEG
SINNA	BASLA
KORSANDRU	PAPRIKA
KEMMUN	ŻAGĦFRAN
CURRY	MELĦ
BUŻBIEŻ	ĦELU
FENUGREEK	VANILLA

19 - Universe

```
E  M  I  S  F  E  R  A  A  Q  V  H  D  T
Z  T  T  E  F  M  J  E  S  M  R  A  G  G
T  W  S  K  T  Q  S  G  T  M  E  J  H  N
I  A  E  W  E  D  J  O  R  E  T  S  A  O
S  S  L  A  L  O  T  N  O  Z  Z  I  R  O
O  T  E  T  E  R  G  T  N  O  E  R  E  Y
L  R  Ċ  U  S  B  A  P  O  L  X  W  F  N
S  O  S  R  K  I  L  K  M  S  C  O  S  R
T  N  O  A  O  T  A  J  I  F  X  B  O  E
I  O  L  M  P  A  S  H  J  M  U  O  M  D
Z  M  A  A  J  J  S  Z  A  F  Ż  J  T  L
J  U  R  Q  U  H  J  S  C  Y  G  O  A  A
U  P  I  K  B  J  A  S  Y  B  O  H  K  M
Z  B  L  Q  Y  L  A  T  I  T  U  D  N  I
```

ASTEROJD	EMISFERA
ASTRONOMU	ORIZZONT
ASTRONOMIJA	LATITUDNI
ATMOSFERA	QAMAR
ĊELESTI	ORBITA
KOŻMIKA	SEMA
DLAM	SOLARI
EON	SOLSTIZJU
EKWATUR	TELESKOPJU
GALASSJA	

20 - Mammals

```
D V H S B N T F M F T D P F
B S V W T A U D N P X P A N
L Ż E B R A R K E L B H P A
F E N E K F C R U T S A K G
X K M P G T V A I Q E O V Ħ
A G A E Z G O Q A T T U S A
D I W N I F L X D N O V Z Ġ
I R B U G Ż P N C A Y H G J
N A O J N U I T U F O L I N
A F R L R X R S E N C U A M
P F S I X F P U U U L U P U
A A D N · I E F E L J G P F P
B A L I E N I N Y L Q V U D
G O R I L L A Q C I G K F C
```

ORS
KASTUR
BARRI
QATTUS
COYOTE
KELB
DNIEFEL
ILJUNFANT
VOLPI
GIRAFFA

GORILLA
ŻIEMEL
KANGURU
ILJUN
XADINA
FENEK
NAGĦAĠ
BALIENI
LUPU
ŻEBRA

21 - Fishing

```
B A J J A E A D F Y U T C U
G K R G M B D C K J D U O G
Y X B A G A R Ġ I K J D D B
F I F S M P I Ż A A B L G Z
U L C C C X F I G F A E Ħ C
S U H F G L C Y R L J G A E
T T A N I D J E N G D I J O
A K A B A S K E T M I J S K
G A L Ġ X E D A Q D P L A O
Ħ D W A U Ċ X E W K G O M K
M W A F U N A E Ċ O Q A M A
I Y J A V A N C R S O H B S
R D E Y K G Q T S B N G V I
S O R W L K P A Ċ E N Z J A
```

LIXKA	XEDAQ
BASKET	LAG
BAJJA	OĊEAN
DGĦAJSA	PAĊENZJA
KOK	XMARA
TAGĦMIR	STAĠUN
XEWK	ILMA
GARĠI	PIŻ
GANĊ	WAJER

22 - Bees

```
Ġ  C  W  B  H  D  F  J  U  R  I  H  X  P
N  B  Y  U  A  N  I  Ġ  E  R  U  J  F  O
I  X  Y  E  B  Y  R  V  F  E  I  G  F  L
E  U  E  L  X  R  T  T  E  S  N  I  G  L
N  Ġ  W  I  E  N  A  Ħ  N  R  A  C  R  I
B  E  N  E  F  I  Ċ  Ċ  J  U  S  R  H  N
L  E  S  A  Ħ  G  K  M  P  Z  I  I  Ġ  E
E  K  O  S  I  S  T  E  M  A  X  I  T  L
K  C  H  X  X  X  T  Q  L  V  D  A  N  À
I  T  Y  E  D  B  O  V  P  M  U  A  M  N
M  O  M  M  H  D  R  L  R  B  Ħ  S  W  A
D  B  V  X  Q  U  F  G  Z  E  Ħ  V  O  U
P  O  L  L  I  N  A  T  U  R  A  T  Q  J
A  B  I  T  A  T  S  G  I  T  N  A  J  P
```

BENEFIĊĊJU	INSETT
FJUR	PJANTI
DIVERSITÀ	POLLINE
EKOSISTEMA	POLLINATUR
FJURI	REĠINA
IKEL	DUĦĦAN
FROTT	XEMX
ĠNIEN	SARĠ
ABITAT	XAMA'
GĦASEL	ĠWIENAĦ

23 - Weather

```
S  A  J  J  E  T  T  I  W  R  S  P  T  R
I  L  K  L  I  M  A  B  A  Ħ  S  O  E  A
N  X  U  P  B  S  I  L  Ġ  M  Q  L  M  G
Y  I  N  M  R  Y  S  J  Y  A  U  A  P  Ħ
T  Z  X  X  P  T  J  A  T  L  L  R  E  A
P  U  I  F  C  G  Y  A  X  T  I  I  R  D
D  S  X  W  A  M  E  S  X  E  O  O  A  B
D  Q  A  W  S  A  L  L  A  M  T  X  T  T
P  A  R  I  Ħ  Y  R  D  M  P  U  V  U  X
H  G  N  A  G  A  R  U  L  A  Z  G  R  E
Ċ  P  A  R  U  Z  R  V  A  T  D  J  A  L
U  F  S  M  O  X  U  Y  K  A  A  V  H  G
P  T  K  C  P  T  Ż  I  F  F  A  V  M  B
A  C  P  R  F  A  T  M  O  S  F  E  R  A
```

ATMOSFERA	SAJJETTI
ŻIFFA	POLARI
KALMA	QAWSALLA
IL-KLIMA	SEMA
SĦABA	MALTEMPATA
NIXFA	TEMPERATURA
XOTT	RAGĦAD
ĊPAR	TORNAD
URAGAN	RIĦ
SILĠ	

24 - Adventure

```
N  P  I  E  A  T  T  I  V  I  T  À  M  S
H  A  À  Y  N  U  B  Ħ  B  I  E  B  U  F
Z  D  T  T  À  T  L  U  K  I  F  F  I  D
G  Q  I  U  V  S  U  U  A  H  X  J  D  S
B  C  N  B  R  N  H  Ż  K  I  M  C  I  B
Q  A  U  A  Q  A  O  D  J  G  C  W  F  U
D  G  T  J  Z  Ċ  T  Q  P  A  B  K  S  Ħ
P  E  R  I  K  O  L  U  Ż  U  Ż  L  G  I
V  O  O  B  F  O  D  U  C  H  L  M  V  J
F  F  P  U  Q  E  Q  D  X  A  J  K  U  A
Z  F  P  L  A  U  R  S  I  G  U  R  T  À
N  P  O  Q  X  T  O  Ħ  Ġ  D  I  D  X  R
D  E  S  T  I  N  A  Z  Z  J  O  N  I  G
I  T  I  N  E  R  A  R  J  U  F  V  L  Q
```

ATTIVITÀ

SBUĦIJA

QLUBIJA

SFIDI

ĊANS

PERIKOLUŻ

DESTINAZZJONI

DIFFIKULTÀ

ENTUŻJAŻMU

ĦBIEB

ITINERARJU

FERĦ

NATURA

ĠDID

OPPORTUNITÀ

SIGURTÀ

25 - Circus

```
J S M A C S V M U Ż I K A W
U P B D T P P O V J M I A L
G E I T N E M I T R E V I D
G T L K B T G L R Q N E A Q
L T J S Ż T A A G U T U K A
E A E P I A A M K O S T U M
R T T A E K H I F O B I D F
O U T R Ż O J N U J L I G O
T R E A A L A N I D A X I B
U O O T Q A Y A J I Ġ A M U
H N K A C R D G V G Q R B F
Q S D K H I W N U Q Y G P F
T N A F N U J L I O M I H U
A K R O B A D S Z T T T B X
```

AKROBA	XADINA
ANNIMALI	MUŻIKA
BŻIEŻAQ	PARATA
BUFFU	URI
KOSTUM	SPETTAKOLARI
ILJUNFANT	SPETTATUR
DIVERTIMENT	TINDA
JUGGLER	BILJETT
ILJUN	TIGRA
MAĠIJA	TOKK

26 - Restaurant #2

```
M F B Y I K B D O I A T Z T
G J F M L H T V C S H U M A
Ħ L E M M F N M S P Y Z J L
A L T F A A T A L A S N I J
R G N R S O P P A C Ġ A K A
F S E O Z I D X T N L R L R
A F D T U Ħ B N T Q I P A I
X J I T Y L V P E N S N Q N
B L S O U H Z A K J E K B I
Ħ X E J J E X C R A W A W Ħ
E B R E T J E W U X B A J D
X R P X K J B T F J O D S O
P D J X B M Q B X I K R C I
W C B K J C I L G Y H Y B T
```

XORB   IKLA
KEJK   TALJARINI
PRESIDENT   INSALATA
BNINA   MELĦ
PRANZU   SOPPA
BAJD   ĦWAWAR
ĦUT   MGĦARFA
FURKETTA   ĦXEJJEX
FROTT   WEJTER
SILĠ   ILMA

27 - Geology

```
K A L Ċ J U I L A R E N I M
Z U D I Ċ A Y M B B D K L N
F O S S I L I K D N S S K Q
K Y I L J B X R T E W M I R
K L G A S E N I E T W E Ċ O
S W Y V A Ġ K S R I V W Q L
E X A A F Y O T R T U K E L
R B W R F E N A E C L A A B
O K B F Z G T L M A K V A A
Ż Y T C H F I L O L A E P E
J D M N G V N I T A N R R U
O G Z E O K E D Y T J N C Z
N C B F L S N H S S P F G U
I S X C V Ħ T P L A T E A U
```

AĊIDU	LAVA
KALĊJU	SAFF
KAVERN	MINERALI
KONTINENT	IMDEWWEB
QROLL	PLATEAU
KRISTALLI	KWARZ
ĊIKLI	MELĦ
TERREMOT	STALACTITE
EROŻJONI	ĠEBLA
FOSSILI	VULKAN

28 - House

```
A  B  Ħ  A  J  T  C  O  E  Ġ  X  L  X  G
R  U  S  T  H  H  Z  R  F  N  K  A  D  A
A  A  N  S  I  N  S  W  U  I  F  M  B  R
M  E  R  A  A  W  B  A  V  E  Q  P  K  A
A  M  T  I  E  Q  A  R  Q  N  N  A  K  X
Ħ  T  Y  X  A  G  E  C  D  A  M  X  A  X
G  N  Q  X  V  P  Y  Y  S  B  F  L  M  Ċ
L  I  B  R  E  R  I  J  A  N  A  R  R  W
X  Ċ  K  Ċ  I  N  A  A  K  Ċ  E  Y  A  I
M  V  B  X  C  Y  A  I  R  Ġ  Ċ  N  U  E
B  Q  F  I  I  B  P  J  F  T  X  O  H  V
I  R  E  I  T  R  U  P  J  F  I  I  D  E
E  A  W  D  T  Q  K  H  W  B  T  D  F  T
B  M  H  A  A  J  X  Z  O  O  I  J  Z  S
```

ATTIC	ĊWIEVET
XKUPA	KĊINA
PURTIERI	LAMPA
BIEB	LIBRERIJA
ĊINT	MERA
NAR	SAQAF
ART	KAMRA
GĦAMARA	DOĊĊA
GARAXX	ĦAJT
ĠNIEN	TIEQA

29 - Physics

```
E L E T T R O N M J O M K R
F A M E K K A N I K A A I E
R T U G I U I J E Y U N M L
E O A I A L U M R O F J I A
K M D G N O L O A U M E Ċ Z
W U P V G K L L A A P T I Z
E E S Y A I S E W P Z I M J
N D O L M T I K K E Y Ż F O
Z K A O S R M U K F Q M C N
A B U I R A E L K U N U G I
G H B Y S P G A S S A M F L
J O D C I L A S R E V I N U
O P T D O Z S D E N S I T À
U F I N O J S N A P S E H X
```

ATOMU	GASS
KAOS	MANJETIŻMU
KIMIĊI	MASSA
DENSITÀ	MEKKANIKA
ELETTRON	MOLEKULA
MAGNA	NUKLEARI
ESPANSJONI	PARTIKOLU
FORMULA	RELAZZJONI
FREKWENZA	UNIVERSALI

30 - Dance

```
C P F A K U M T I R R A E E
Z O E R O E O T I P Q K M S
G K R T R M V L L R A K O P
R U R I E U I A A O Q A Z R
A L I K O A M K N V B D Z E
Z T E L G W E I O I E E J S
Z U Ħ A R K N Ż J R Ż M O S
J R I S A U T U Z C P J N I
A A L S F L R M Z B S A I V
D L A I I T D V I R I H Q A
Ħ I W K J U H R D P E R Y K
G C Ż U A R G W A O Ħ H Q L
A F I X W A C U R N E C K D
Q U V Q D S F J T Z B M E I
```

AKKADEMJA
ARTI
KORP
KOREOGRAFIJA
KLASSIKU
KULTURALI
KULTURA
EMOZZJONI
ESPRESSIV
GRAZZJA

FERRIEĦI
AQBEŻ
MOVIMENT
MUŻIKA
SIEĦEB
QAGĦDA
PROVI
RITMU
TRADIZZJONALI
VIŻWALI

31 - Coffee

```
C L H Ħ F I L G Ħ O D U C L
J R N A Ħ T I X P E Z K T R
W A M L I T A J L A K N I J
P D P I P R A M E R K Z X K
Q K V B O R K Z H M T O F F
L G A O C O E A Z O Q K I Q
T L B K Z M Q Z F A À K L O
M O R I Ġ I N I Z F T O T X
V H O D J Ż B M E R E R R T
W Y X E P U S W G O J I U P
L I K W I D U G K B R A N Y
F I Q S T I Q M C T A W S A
V H R I F Ċ A Q R N V M Z C
W V E G Z A M Ħ G O T X H Z
```

AĊIDUŻ
XORB
MORR
ISWED
KAFFEINA
KREMA
TAZZA
FILTRU
TOGĦMA
ITĦAN

LIKWIDU
ĦALIB
FILGĦODU
ORIĠINI
PREZZ
INKALJAT
ZOKKOR
VARJETÀ
ILMA

32 - Shapes

```
J K V D Y E S G E G K P K R
O Q D K W Q A T L P M I A E
F F T D R I H L L R R R N T
G O Q N N A Ħ A I U A A T T
Ċ X J A O M L B P M M M U A
M I I T K Ż K U R V A I N N
S S L P O I V O R P L D I G
K F P I Y R P V I O O A E O
L R E O N P T A L L B N R L
H T C R B D R L E I R H A U
F I N C A S R I D G E A G N
L I N J A C F U O O P B H P
Ċ I R K U T R U F N I C V R
Z A X K W A D R U U B U K R
```

ARK	LINJA
ĊIRKU	OVALI
KON	POLIGONU
KANTUNIERA	PRIŻMA
KUBU	PIRAMIDA
KURVA	RETTANGOLU
ĊILINDRU	NAĦA
TRUF	SFERA
ELLIP	KWADRU
IPERBOLA	

33 - Scientific Disciplines

```
A  R  K  E  O  L  O  Ġ  I  J  A  M  V  Ġ
T  B  I  J  O  L  O  Ġ  I  J  A  E  W  E
F  I  Ż  J  O  L  O  Ġ  I  J  A  K  A  O
A  J  I  M  O  T  A  N  A  K  R  K  K  L
S  B  O  T  A  N  I  K  A  I  U  A  I  O
T  V  P  Z  Z  C  B  D  Y  M  V  N  M  Ġ
R  C  N  B  W  S  L  O  I  I  R  I  I  I
O  T  A  N  W  J  K  F  M  K  A  K  K  J
N  Z  V  N  J  N  E  O  I  A  T  A  O  A
O  M  E  T  E  O  R  O  L  O  Ġ  I  J  A
M  L  I  N  G  W  I  S  T  I  K  A  I  E
I  P  S  I  K  O  L  O  Ġ  I  J  A  B  Z
J  E  K  O  L  O  Ġ  I  J  A  H  B  I  Y
A  N  E  W  R  O  L  O  Ġ  I  J  A  C  W
```

ANATOMIJA	ĠEOLOĠIJA
ARKEOLOĠIJA	LINGWISTIKA
ASTRONOMIJA	MEKKANIKA
BIJOKIMIKA	METEOROLOĠIJA
BIJOLOĠIJA	NEWROLOĠIJA
BOTANIKA	FIŻJOLOĠIJA
KIMIKA	PSIKOLOĠIJA
EKOLOĠIJA	

34 - Science

```
X E L D E J T A G B B X I U
N V F W G U Q J R E D P I J
A O T A U O U B A F H A T R
T L R J T L D Z V K T J N O
U U I Ż E T O P I C C B E T
R Z M O A R C I T K L I M A
A Z O F B F K L À W F L I R
P J L B I T N A J P O A R O
G O E U U Ż N U L N S R E B
S N K A Q D I N M V S E P A
D I U M O T A K H V I N S L
I L L E Ċ I T R A P L I E Q
P F I K I M I Ċ I E I M Y L
I O U F V M E T O D U K G G
```

ATOMU
KIMIĊI
KLIMA
DEJTA
EVOLUZZJONI
ESPERIMENT
FATT
FOSSILI
GRAVITÀ

IPOTEŻI
LABORATORJU
METODU
MINERALI
MOLEKULI
NATURA
PARTIĊELLI
FIŻIKA
PJANTI

35 - Beauty

```
M  W  V  J  D  P  V  F  J  T  A  G  P  C
K  A  Ħ  Ħ  I  W  F  O  N  O  K  K  L  I
O  D  S  W  O  V  A  T  U  J  Ż  M  B  Z
Ż  L  S  C  C  Z  J  O  S  M  D  E  N  Z
M  I  H  S  A  C  Z  Ġ  J  E  X  R  E  I
E  Ġ  A  H  K  R  Z  E  P  L  Ħ  A  R  V
T  E  M  A  O  U  A  N  R  I  G  E  F  R
I  T  P  Z  Z  L  R  I  O  P  Ħ  W  R  E
Ċ  S  O  N  Q  U  G  K  D  S  A  B  F  S
I  I  O  A  C  K  F  A  O  T  M  I  G  T
E  L  E  G  A  N  T  I  T  I  L  A  Q  F
H  I  M  E  V  K  K  O  T  C  A  I  D  C
G  T  R  L  V  C  Y  Y  I  K  M  G  B  B
X  S  Q  E  I  M  Q  A  S  S  T  A  Z  J
```

SEĦER
KULUR
KOŻMETIĊI
NOKKLI
ELEGANZA
ELEGANTI
FWIEĦA
GRAZZJA
LIPSTICK
GĦAMLA

MASCARA
MERA
ŻJUT
FOTOĠENIKA
PRODOTTI
IMQASS
SERVIZZI
SHAMPOO
ĠILDA
STILIST

36 - Clothes

```
M K O W T O K M K Q D M Q G
X S W E A T E R A M J J F P
Ġ A K K E T T A P I L P L V
U C Z O L Y E M P S R I O A
I L B I E S J Y E S E H E C
Ċ I N T U R I N L A D R A F
J Z J F E U L C L Q A M L A
M E M M P Z I N G W A N T I
M Q A A T T E L U Z Z A R B
V F L N E À T I N R E T A M
M O D A S I Z K L L U U P A
D E H B I J I E T Q V I L I
D U B L E T T N N U B R A Ż
S A N D L I J I E T M O X T
```

FARDAL	JEANS
ĊINTURIN	DEHBIJIET
QAMLA	- MATERNITÀ
BRAZZULETTA	QLIEZET
KOWT	SANDLIJIET
ILBIES	XALPA
MODA	QMIS
INGWANTI	ŻARBUN
KAPPELL	DUBLETT
ĠAKKETTA	SWEATER

37 - Ethics

```
D I P L O M A T I K A À A U
I N T E G R I T À H Z T J V
B W F A J I F O S O L I F Q
K O O P E R A Z Z J O N I E
A L P Y E R X Z W Q A A L W
A Z N A R E L L O T L M O Y
Q U L M Ċ Z C O K U T U V T
Y Z J H Y E I P O M R L E J
L P V G G À N N T Ż U L N U
D I N J I T À Z R I W S O B
F O O R N S M E J L I V Ġ I
G Ħ E R F E T V G A Ż N A J
M B M G Y N J F O E M A R A
P V T G D O O F I R U L A V
```

ALTRUWIŻMU
KOOPERAZZJONI
DINJITÀ
DIPLOMATIKA
ONESTÀ
L-UMANITÀ
INTEGRITÀ
TJUBIJA

PAĊENZJA
FILOSOFIJA
REALIŻMU
RAĠONEVOLI
TOLLERANZA
VALURI
GĦERF

38 - Insects

```
G T W R W V V C Z M V N I K
R E E G E R E H Y O X B L A
A R R D E Ħ G E I R B V D M
S M Ż W N M U N E M U S A L
S I I S I N B L N A Ħ L A A
H T E F L R Y C A V Q C X R
O E Q S U I D B U R R A Ħ V
P Y A S S O A I K W V N N K
P X N S C L L A E F T A M Y
E P T T E F R A F N W Ż D Z
R H O R N E T X S I T N A M
D R A G O N F L Y B D U R O
D U D U V V E E B C H Ż V Q
Ħ A N F U S A J Y P V F R J
```

ANT	HORNET
AFID	LADYBUG
NAĦLA	LARVA
ĦANFUSA	ĦARRUB
FARFETT	MANTIS
WERŻIEQ	NEMUSA
WIRDIEN	KAMLA
DRAGONFLY	TERMITE
BRIEGĦED	ŻUNŻAN
GRASSHOPPER	DUDU

39 - Astronomy

```
Q  W  A  J  S  S  A  L  A  G  Q  T  R  O
D  A  M  K  E  S  P  I  L  C  K  E  A  R
P  S  M  O  M  U  Y  M  L  A  C  I  D  S
Z  J  E  A  A  X  S  L  J  A  T  J  J  U
R  A  A  G  R  O  E  T  E  M  R  X  A  P
G  S  Y  N  C  O  S  M  O  S  J  T  Z  E
A  T  K  G  E  U  N  I  V  E  R  S  Z  R
L  E  P  O  E  T  B  G  I  X  I  X  J  N
I  R  A  L  O  S  A  L  U  B  E  N  O  O
X  O  N  I  U  Q  E  D  P  F  I  R  N  V
U  J  R  O  T  A  V  R  E  S  S  O  I  A
C  D  S  A  T  E  L  L  I  T  A  Y  G  R
I  A  U  E  A  S  T  R  O  N  O  M  U  X
T  E  L  E  S  K  O  P  J  U  D  M  P  J
```

ASTEROJD	OSSERVATORJU
ASTRONOMU	PJANETA
COSMOS	RADJAZZJONI
L-ART	SATELLITA
EKCLIPSE	SEMA
EQUINOX	SOLARI
GALASSJA	SUPERNOVA
METEOR	TELESKOPJU
QAMAR	UNIVERS
NEBULA	

40 - Health and Wellness #2

```
E  V  I  Z  S  I  A  S  P  J  D  D  A  O
N  K  I  Ġ  P  P  U  A  I  Y  S  E  L  U
E  A  M  T  J  E  P  Ħ  Ż  E  L  I  L  L
R  L  A  U  A  E  W  Ħ  Y  F  I  D  E  H
Ġ  O  S  B  U  M  N  A  U  A  N  R  R  F
I  R  S  A  F  A  I  E  D  I  F  A  Ġ  S
J  I  A  K  F  N  M  N  Y  R  E  Z  I  P
A  J  Ġ  I  E  Z  M  E  A  K  Z  Z  J  T
P  I  Ġ  T  D  I  E  T  A  U  Z  J  A  A
F  W  I  E  A  Q  D  I  F  P  J  O  L  R
U  C  Z  N  N  T  R  T  Y  R  O  N  H  W
S  T  R  E  S  S  A  P  G  U  N  I  G  Q
R  J  S  Ġ  P  X  M  A  D  V  I  X  P  M
G  V  H  N  U  T  R  I  Z  Z  J  O  N  I
```

ALLERĠIJA	SPTAR
APTIT	IĠJENE
DEMM	INFEZZJONI
KALORIJI	MASSAĠĠI
DEIDRAZZJONI	NUTRIZZJONI
DIETA	IRKUPRU
MARD	STRESS
ENERĠIJA	VITAMINA
ĠENETIKA	PIŻ
SAĦĦA	

41 - Time

```
C P K N W H V O H W G N R X
P G N M R A H N I S F O N A
B W Y W I E T L L E B A Q H
T U Q Y J E K L L W K V D A
Q Q W Y I I N J U J O O X R
A Ġ I M GĦ A I M S E K L U
W N F K E J T M W S I L T D
L K N D H R U T U F S P M O
A J R W J D N H J C S A V Ħ
D J U M A O I K X O A R J G
K S E N A L M S I E GĦ A L
L G P K B D I A R L O Ġ Ġ I
S S P GĦ A X A R S N I N F
B O X F K A L E N D A R J U
```

ANNWALI	MINUTA
QABEL	XAHAR
KALENDARJU	FILGĦODU
SEKLU	LEJL
ARLOĠĠ	NOFSINHAR
JUM	ISSA
GĦAXAR SNIN	DALWAQT
KMIENI	ILLUM
FUTUR	ĠIMGĦA
SIEGĦA	SENA

42 - Buildings

```
K R A I G K Z W T A Q D T Z
Q W P B S E S E M E Q P A Q
A P P M J T U H J I A A K T
K Q A A P M A D N I T T I I
A G R A T P S D S H Y M R H
B N T Z G R Y A I P F N B U
I S A Q N W T N V U K I B X
N K M K V E Y D B F M A A V
A O E A Q Ż L S N I Z N F Y
M L N S L U K A N D A A U T
E A T T A M B A X X A T A O
N X G E B A R N Y T H H M R
I L X L E T S O Ħ G J H C R
Ċ T H L P Q U A B N Q Y K I
```

APPARTAMENT
BARN
KABINA
KASTELL
ĊINEMA
AMBAXXATA
FABBRIKA
SPTAR

ĦOSTEL
LUKANDA
MUŻEW
SKOLA
ISTADIUM
TINDA
TEATRU
TORRI

43 - Philanthropy

```
P K T V X K G I S N N O Ż B
U K A W À C U L D R I X N R
B O S R T U H N E Z V E R O
B M F G I S L R T S Q V S G
L U I R Ż T A N N A H N O L
I N D U O K À Q M W T W J O
K I I P R À T S E N O T X B
U T J P E F I N A N Z I I A
O À F I N T N V G A B S H L
K W N S E X A T L J F N Y I
G N U X Ġ I M M A R G O R P
F O N D I N U L I O T I O L
V D S S Z C L A F T H D P V
G Ħ A N I J I E T S I X I V
```

SFIDI
KARITÀ
TFAL
KOMUNITÀ
KUNTATTI
FINANZI
FONDI
ĠENEROŻITÀ
GLOBALI

GĦANIJIET
GRUPPI
STORJA
ONESTÀ
L-UMANITÀ
BŻONN
NIES
PROGRAMMI
PUBBLIKU

44 - Gardening

```
B Ġ A R D I N A Ħ F U I E L
U W Ħ U R R O Q A R E W T D
Z N G T Y U E Z M M X D G A
M V E I N J U J R T L H X I
Q M I N U F N F I Ħ M I E Ġ
I Y R E K M F R J S H L Y Q
U R R T I K D I A W W A K Q
O F E N N X L I T N B N O G
S O Ż O A M L I T W D O M V
X P M K T S Z H M À W J P B
A J E G O F J U R A P Ġ O T
X A N Ċ B U K K E T T A S I
E P U K I T O Ż E V J T T E
L I J I T T I E K L U S Y X
```

FJUR
BOTANIKU
BUKKETT
KLIMA
KOMPOST
KONTENITUR
ĦMIEĠ
LI JITTIEKLU
EŻOTIKU
FJURI

WERAQ
PAJP
UMDITÀ
ĠARDINA
STAĠJONALI
ŻERRIEGĦA
ĦAMRIJA
SPEĊI
ILMA

45 - Herbalism

```
M N F Q L W P W N G X O I Ġ
B A R U J F J T O G Ħ M A N
E R R I Ċ T A M O R A X T I
N F T Ġ E M N B L J V X B E
E Ħ I U Y T X A O U V D N
F G W F A R A V V A Ħ D A R
I A M I Q I A O A W T Y B L
Ċ Ż B K L I N D N I S R U T
Ċ X E X T N E J D E R G N I
J W X I C M Q Q A Z E K K A
U G Y T B I K U L I N A R I
Ħ A B A Q Ż K W A L I T À R
D R U V U X U S A G Ħ T A R
N Q N L D G O B R F K U U D
```

AROMATĊI
ĦABAQ
BENEFIĊĊJU
KULINARI
BUŻBIEŻ
TOGĦMA
FJURA
ĠNIEN
TEWM
AĦDAR

INGREDJENT
LAVANDA
MARĠURA
ZEKKA
TURSIN
PJANTA
KWALITÀ
KLIN
ŻAGĦFRAN
SAGĦTAR

46 - Vehicles

```
T D S I K A M B U L A N Z A R
R G H L A Y A K A J T H R N
A Ħ U M R E T O O C S H E G
K A T U O X U K M N D B T A
K J T T Z S R E J A T P P M
V S L U Z W K A H V J F O X
L A E R A A Z I X A T I K A
S A S O T T O M A R I N I R
Ċ U N A L P U R J A R Y L A
N A B Ċ N B N T N K D T E B
U Y T W A T R A T T U R Ħ A
V Y D T A R O T A T X G G N
Y M N M R Y Z E I B A V I K
G C N Z T A M B B A J V H A
```

AJRUPLAN	MUTUR
AMBULANZA	ĊATTRA
ROTA	SCOOTER
DGĦAJSA	SHUTTLE
XARABANK	SOTTOMARINI
KAROZZA	SUBWAY
KARAVAN	TAXI
MAGNA	TAJERS
LANĊA	TRATTUR
ĦELIKOPTER	TRAKK

47 - Flowers

```
H N Z A J L O N G A M U C I
A I R E M U L P D O A O H J
J R B D W M A D N A V A L O
F P J I U N T E Y G I O R V
F E W K S I E F T M H S Q U
L P L R D C P S J F I P Y O
U X G O T K U Ġ I Ż I M I N
L E L À W K J S S I L L A B
F R O S E S L G M H F O F U
A R J E W K I Ċ B S P D J K
L Q F X T L Ġ T C T G Q P K
Ġ I R A S O L O B W X U J E
G A R D E N I A B P E F Q T
P A S S I O N F L O W E R T
```

BUKKETT
SILLA
DAISY
ĊIKWEJRA
GARDENIA
HIBISCUS
ĠIŻIMIN
LAVANDA
LELÀ

ĠILJU
MAGNOLJA
ORKIDEA
PASSIONFLOWER
PETAL
PLUMERIA
PEPRIN
ROSE
ĠIRASOL

48 - Health and Wellness #1

```
T N E M A S S A L I R Y G M
K S U R L Y O K G K I G Ħ E
I D B K B W Y S E R F Ħ O D
R N I J R E T T A B L A L I
U W B A F W X A Y T E D I Ċ
T R A T T A M E N T S A C I
I R T B W M O T M E S M E N
V I T T A Z U O R M O N I A
R D R A W W A S Ġ T K W F G
E Ġ E A J D Y A K I N I L K
N U C Q V U F G X O L Y C I
X Ħ T E R A P I J A L D W X
F A R M A Ċ I J A W O I A U
O G Z I J S V I R U S F F N
```

ATTIV	MEDIĊINA
BATTERJI	MUSKOLI
GĦADAM	NERVITURI
KLINIKA	FARMAĊIJA
TABIB	RIFLESS
KSUR	RILASSAMENT
DRAWWA	ĠILDA
GĦOLI	TERAPIJA
ORMONI	TRATTAMENT
ĠUĦ	VIRUS

49 - Town

```
A U R T A E T O Y X Q U S G
K J N T D V Z A D N A K U L
I Y R I E M U L T O M G P G
N F H U V E N O Q T A A E K
I Y O H P E E K A N Ħ L R G
L G V R E O R S E A Ż L M L
K N A B N M R S N R E E A Q
F L O R I S T T I O N R R J
L I B R E R I J A T B I K Ċ
M U Ż E W Z N H X S À J E I
F A R M A Ċ I J A I Ż A T N
I S T A D I U M V R U M R E
J L X K B H K W N H E S M M
B F X C Q S U D N V Z A L A
```

AJRUPORT	MUŻEW
FORN	FARMAĊIJA
BANK	RISTORANT
ĊINEMA	SKOLA
KLINIKA	ISTADIUM
FLORIST	MAĦŻEN
GALLERIJA	SUPERMARKET
LUKANDA	TEATRU
LIBRERIJA	UNIVERSITÀ
SUQ	ŻU

50 - Antarctica

```
A  S  V  S  P  F  T  H  C  F  T  M  I  I
B  R  D  Ħ  A  E  Z  Z  O  N  C  V  W  L
J  E  U  A  T  U  N  A  V  E  S  J  M  M
I  D  P  B  G  J  Y  I  E  Z  A  H  R  A
H  D  U  V  V  X  X  V  S  S  H  X  U  G
D  T  A  J  I  F  A  R  G  O  P  O  T  L
B  A  J  J  A  I  L  Q  B  B  L  R  A  A
I  X  T  L  Ġ  R  I  L  A  A  V  A  K  Ċ
V  M  F  T  L  A  E  P  T  K  N  F  R  I
S  P  E  D  I  Z  Z  J  O  N  I  A  E  E
B  M  O  G  S  I  Y  Z  J  F  U  S  Ċ  R
K  O  N  T  I  N  E  N  T  E  O  A  I  I
A  M  B  J  E  N  T  A  L  B  Ż  Ħ  R  T
M  I  N  E  R  A  L  I  S  B  D  G  W  K
```

BAJJA	SILĠ
GĦASAFAR	GŻEJJER
SĦAB	MINERALI
KONTINENT	PENISOLA
COVE	RIĊERKATUR
AMBJENT	BLAT
SPEDIZZJONI	TOPOGRAFIJA
GLAĊIERI	ILMA

51 - Ballet

```
X  B  A  V  I  S  S  E  R  P  S  E  L  O
A  A  U  K  I  T  S  I  T  R  A  X  E  R
V  L  Z  F  H  I  Ġ  E  S  T  O  K  Z  K
V  L  Ċ  N  X  L  Y  M  L  S  S  W  Z  E
Ħ  E  I  A  E  T  E  K  N  I  K  A  J  S
I  R  L  N  P  J  M  U  Ż  I  K  A  O  T
L  I  O  E  T  Ċ  D  P  R  O  V  I  N  R
A  N  K  I  N  E  I  U  M  T  I  R  I  A
Q  A  S  F  R  Y  N  P  I  E  E  N  J  S
Q  S  U  F  Q  J  A  S  B  S  F  P  I  M
X  I  M  E  B  B  A  W  I  H  W  V  E  X
R  Z  Q  Ż  M  K  P  J  W  T  Q  O  T  B
K  O  M  P  O  Ż  I  T  U  R  À  O  R  B
P  R  A  T  T  I  K  A  U  F  Z  X  V  A
```

ĊAPĊIP	MUSKOLI
ARTISTIKU	MUŻIKA
UDJENZA	ORKESTRA
BALLERINA	PRATTIKA
KOMPOŻITUR	PROVI
ŻEFFIENA	RITMU
ESPRESSIV	ĦILA
ĠEST	STIL
INTENSITÀ	TEKNIKA
LEZZJONIJIET	

52 - Fashion

```
G Ħ A L J I N R D Y F B D Z
E L E G A N T I N U T T U B
Ħ B O U T I Q U E J P K M A
R W V L O A S C I Y P W O K
F A E B I Z Z I L L A Q D L
N S K J O T C Ċ A M R M E V
A Q Q K J J X I N W D P S Q
N N O K M E D L I T S R T K
R A Y T A U Ġ P Ġ E C A L E
E R N X Z J H M I X R T W J
D I S I N N E R R Z T O L
O K O M D U D S O B N I T N
M E V Z N I S Ġ A K X K X M
M I N I M A L I S T A A B L
```

BOUTIQUE
BUTTUNI
ĦWEJJEĠ
KOMDU
ELEGANTI
RAKKMU
GĦALJIN
DRAPP
BIZZILLA
KEJL

MINIMALISTA
MODERNA
MODEST
ORIĠINALI
DISINN
PRATTIKA
SEMPLIĊI
STIL
NISĠA

53 - Human Body

```
D  G  Ħ  A  D  A  M  I  D  F  P  A  F  G
I  R  K  O  P  P  A  M  P  T  D  G  Z  F
M  I  N  K  E  B  L  N  X  E  D  A  Q  R
I  D  C  Q  K  L  L  I  X  S  P  U  E  B
L  X  Y  X  J  A  A  E  R  A  S  I  I  Y
G  F  K  R  J  Q  P  Ħ  W  I  Ċ  Ċ  S  K
E  M  O  Ħ  Ħ  N  S  E  M  Y  V  K  P  A
D  Y  X  F  Z  O  D  R  P  Q  Q  W  L  S
D  H  H  X  M  Ħ  L  E  B  L  L  S  E  K
U  Ġ  Z  W  R  G  N  T  M  P  S  A  B  A
M  I  R  F  R  Z  S  G  K  M  X  N  Ħ  Ħ
W  L  D  H  Y  X  X  Z  R  H  T  D  I  G
F  D  V  V  G  L  Q  Y  Q  Y  C  I  G  U
H  A  U  J  V  E  Y  Y  E  N  Q  W  P  Z
```

GĦAKSA
DEMM
GĦADAM
MOĦĦ
IL-GEDDUM
WIDNA
MINKEB
WIĊĊ
SABA
ID

RAS
QALB
XEDAQ
IRKOPPA
SIEQ
ĦALQ
GĦONQ
IMNIEĦER
SPALLA
ĠILDA

54 - Fruit

```
T U F F I E Ħ W G I X B G K
G I F B E T T I E Ħ R U Ħ M
O D A K O V A N H S Y K E A
L N Y T X Q S G A B I S N N
A I M U L D S W N T E I E G
M L K I W I M A A L J R B O
P A J A P A P V N M F P R F
U T V B B J R A A Ħ K I Y Y
N Ż E F A E W M S A D Ċ K B
B W Q G L N S S A W Z U J Q
B E R Q U Q A B Ġ Ħ L N A X
A Ġ O X L F K N N B N I W D
P A J D E H P D A S A R I Ċ
R Q E S N Z Q I L L O H U W
```

TUFFIEĦ   KIWI
BERQUQ   LUMI
AVOKADO   MANGO
BANANA   BETTIEĦ
BERRY   NUĊIPRISK
ĊIRASA   PAPAJA
ĠEWŻ TAL-INDI   ĦAWĦ
FIG   LANĠAS
GĦENEB   ANANAS
GWAVA   LAMPUN

55 - Virtues #1

```
I  D  D  A  H  O  A  Ħ  M  A  U  P  K  I
M  N  F  E  B  R  R  E  O  R  M  A  U  M
G  M  D  F  Ċ  P  M  L  D  T  O  Z  N  M
F  Y  P  I  L  I  Q  W  E  I  R  J  F  A
O  M  Z  D  P  S  Ż  A  S  S  I  E  I  Ġ
P  X  M  A  X  E  F  I  T  T  S  N  D  I
M  A  A  N  W  W  N  Y  V  I  T  T  E  N
O  K  S  G  H  R  R  D  G  K  I  U  N  A
K  I  B  S  Y  Z  T  T  E  U  Ċ  T  T  T
U  T  J  H  J  S  N  G  C  N  I  L  I  T
R  T  D  Q  V  O  A  B  J  A  T  I  O  I
J  A  Ż  U  R  E  N  E  Ġ  V  I  I  O  V
U  R  D  I  L  B  B  A  D  I  F  F  A  I
Ż  P  G  Ħ  A  Q  L  I  T  M  R  G  B  N
```

ARTISTIKU
ĦELWA
NADIF
KUNFIDENTI
KURJUŻ
DEĊIŻIV
UMORISTIĊI
ĠENERUŻ
TAJBA

UTLI
IMMAĠINATTIVI
INDIPENDENTI
MODEST
PASSJONAT
PAZJENT
PRATTIKA
AFFIDABBLI
GĦAQLI

56 - Engineering

```
M K T D P B G M R X N E M F
G F D U L O K L A K C W O R
A F N Z T F T Y M G D W Z I
E N E R Ġ I J A M W N Z Z Z
H P C A W S R Ħ A L O A J Z
L Y U A P K F Ħ R I F D O J
N B U T F L M A G K V I N O
W R U U E W B S A W I J I N
U M X S Q K R V J I X A N I
L E S E I D E F I D Y M M V
O I C I A A N J D U I E U E
G U E A S S I Y L P U T T N
N M X V U R L M T I D R U H
A À T L I B B A T S U U R D
```

ANGOLU
ASSI
KALKOLU
FOND
DIJAGRAMMA
DIJAMETRU
DIESEL
ENERĠIJA
FRIZZJONI

LIEVI
LIKWIDU
MAGNA
KEJL
MOZZJONI
MUTUR
STABBILTÀ
SAĦĦA

57 - Government

```
U I X A J I Z A R K O M E D
I N O J S S U K S I D D O W
W E S R O K S I D Q C Z W C
D A Z A U G W A L J A N Z A
P A K J K D I S T R E T T V
M O A Z N A N I D A T T I Ċ
O S L Z I L D L L S T K Ċ N
N I I I À A H I Y I T C A A
U M K D T D I V G Z Ġ A P Z
M B T U R I P I N R Z I T Z
E O G Ġ E G K Ċ Z C V P M J
N L N T B L A A E D Z N W O
T U A Q I Z L D B C W M K N
Z L Z Z L Ġ U S T I Z Z J A
```

ĊITTADINANZA
ĊIVILI
DEMOKRAZIJA
DISKUSSJONI
DISTRETT
UGWALJANZA
ĠUDIZZJARJA
ĠUSTIZZJA
LIĠI

KAP
LIBERTÀ
MONUMENT
NAZZJON
PAĊI
POLITIKA
DISKORS
STAT
SIMBOLU

58 - Art Supplies

```
R C S K K A V A L L E T T K
X W H A R K U L U R I E V A
I N S Z S E V T U V L L O R
I D E A T V A R E M A K J T
O H J B Z Q L T P K F F A A
Q Q B T A K L X T M A Ħ A F
I F Q A M M O G T I T S O U
A K R I L I K U F Ż V H I H
X K U P I L J I G E U I P V
N C Z G J A P V A J P I T C
Ż E B G Ħ A K L N T X V U À
P R E S I D E N T I Z I A I
Y T T A T E I J I S P A L K
H Q U W Z E N A L L E B A T
```

AKRILIKU
XKUPILJI
KAMERA
PRESIDENT
FAĦAM
TAFAL
KULURI
KREATTIVITÀ
KAVALLETT
GOMMA

KOLLA
IDEAT
LINKA
ŻEJT
ŻEBGĦA
KARTA
LAPSIJIET
TABELLA
ILMA

59 - Science Fiction

```
M  I  G  I  M  M  A  Ġ  I  N  A  R  J  A
E  L  B  A  T  E  N  A  J  P  A  U  M  N
R  L  S  N  L  D  I  N  J  A  J  T  I  S
A  U  U  B  P  A  B  A  T  M  I  O  S  F
V  Ż  Y  Y  A  K  S  N  G  T  Ġ  P  T  Q
I  J  D  H  E  B  V  S  A  M  O  I  E  S
L  O  O  R  A  C  L  E  J  R  L  A  R  P
J  N  Ċ  I  N  E  M  A  F  A  O  P  J  L
U  I  Ċ  I  M  I  K  L  R  H  N  S  U  U
Ż  N  V  T  B  E  O  N  U  M  K  T  Ż  Ż
K  B  B  C  I  V  R  H  X  Y  E  O  I  J
A  T  O  M  I  K  A  T  K  O  T  B  A  O
D  I  S  T  O  P  J  A  S  W  V  O  L  N
W  G  O  Q  H  U  K  P  P  E  S  R  B  I
```

ATOMIKA	ILLUŻJONI
KOTBA	IMMAĠINARJA
KIMIĊI	MISTERJUŻ
ĊINEMA	ORACLE
DISTOPJA	PJANETA
SPLUŻJONI	ROBOTS
ESTREM	TEKNOLOĠIJA
MERAVILJUŻ	UTOPIA
NAR	DINJA
GALASSJA	

60 - Geometry

```
Q J O W C N J K U R V A A M
Q N V U S A U L O K L A K E
E P Q U R T E M A J I D I D
K S E G M E N T R G G Q Ġ J
W Għ O L I B N M U X S O A
A O R I Z Z O N T A L I L N
Z D H W S I M M E T R I A D
Z R L I Ċ T E O R I J A S S
J F R Ċ U I A N G O L U S K
O F G Ċ L V R Y Z N E K A I
N X J D L A L K V D Y C M L
I R S N H B P D U Y N U X A
N F H V P A R A L L E L I K
D I M E N S J O N I S W R H
```

ANGOLU	LOĠIKA
KALKOLU	MASSA
ĊIRKU	MEDJAN
KURVA	NUMRU
DIJAMETRU	PARALLELI
DIMENSJONI	SEGMENT
EKWAZZJONI	WIĊĊ
GħOLI	SIMMETRIA
ORIZZONTALI	TEORIJA

61 - Creativity

```
J  A  L  I  Ħ  V  Z  M  I  T  T  V  M  V
V  L  D  N  N  I  P  N  D  C  E  I  W  S
K  I  R  O  M  T  K  U  E  J  I  T  M  K
S  N  A  J  N  N  W  K  A  V  J  A  Z  O
E  T  M  Z  L  E  U  I  T  O  I  L  A  I
N  E  M  Z  L  V  G  T  Z  O  N  I  J  N
T  N  A  A  N  N  R  S  W  Z  O  T  N  Ġ
I  S  T  S  G  I  Z  I  S  V  J  À  A  A
M  I  I  N  O  G  Y  T  N  A  Ż  O  T  M
E  T  K  E  K  Q  U  R  T  W  I  L  N  M
N  À  U  S  I  T  Y  A  N  G  V  N  O  I
T  Ċ  A  R  E  Z  Z  A  P  C  D  N  P  L
I  N  D  I  N  O  J  S  S  E  R  P  S  E
F  U  A  W  T  E  N  T  I  Ċ  I  T  À  C
```

ARTISTIKU	INTENSITÀ
AWTENTIĊITÀ	INTWIZZJONI
ĊAREZZA	INVENTIV
DRAMMATIKU	SENSAZZJONI
ESPRESSJONI	ĦILA
SENTIMENTI	SPONTANJA
IDEAT	VIŻJONIJIET
IMMAĠNI	VITALITÀ

62 - Airplanes

```
B C W M M Y L G D E E A A I
L U Ż N I B T A I K A T V D
L S Ż C J K C C X W S M V R
E X T Ż D J X B X I K O E O
N G D O I C W D E P R S N Ġ
Q R S T R E I S N A E F T E
G Ħ O L I J Q Z D Ġ J E U N
D I S I N N A A E Ġ J R R U
C P Q N N T M T N U E A A X
H E M K F C E O Z X N J V F
T Y J A I F S L A H F R T E
F I G L G D F I Z T N A A X
O R N S Z N H P G C E S Y Y
F J U W I L A L Z E M L E E
```

AVVENTURA	FJUWIL
ARJA	GĦOLI
ATMOSFERA	STORJA
BUŻŻIEQA	IDROĠENU
EKWIPAĠĠ	INŻUL
DIXXENDENZA	PILOTA
DISINN	SKREJJEN
MAGNA	SEMA

63 - Ocean

```
T U P N Ġ T U Ħ L E M R O F
G W S P W V I N E I L A B G
L Q M W E X T R F O C X J J
K M X Ċ M J I A E S J C J W
S P O N Ż A N Ħ I R M T W S
A Q I A Q T R A N Q A M Z I
W J G R W O A B D R R H U K
T J A G R N Q L G M D O Y K
K R M D G N T I Ħ I J B L A
V T B W W H S B A X A V F L
Z M L T O Z Q L J U G L B C
G R U L L A S E S U Q X K R
F E K R U N A K A A D N C A
M A L T E M P A T A M W F F
```

ALKA	SIKKA
DGĦAJSA	MELĦ
QROLL	KELB IL-BAĦAR
GRANĊ	GAMBLU
DNIEFEL	SPONŻA
SALLUR	MALTEMPATA
ĦUT	TONN
BRAM	FEKRUNA
QARNIT	MEWĠ
GAJDRA	BALIENI

64 - Force and Gravity

```
C H Q O Y A K I Ż I F E U P
U E P E M A K I I M R S N R
Ħ I N L X K M N P P I P I O
A J L S U I U O K A Z A V P
T F V P R M T J U T Z N E R
V D I S T A N Z A T J S R J
O E Y L N N E Z T B O J S E
J R L D E I M O R J N O A T
G J B O Ċ D O M E H I N L A
H I L I Ċ N M A P B G I I J
M W D H T I W Q O A S S I I
B L A P Q A T I K L I B J E
X V Z T K N U À S Q T X P T
M E K K A N I K A B O R K D
```

ASSI
ĊENTRU
SKOPERTA
DISTANZA
DINAMIKA
ESPANSJONI
FRIZZJONI
IMPATT
MEKKANIKA

MOMENTUM
MOZZJONI
ORBITA
FIŻIKA
PROPRJETAJIET
VELOĊITÀ
ĦIN
UNIVERSALI
PIŻ

65 - Birds

```
O C P F W O R R A P S Y D S
N U E Ħ L I H P M Z P M U D
V C L A O A Ż G Ħ A L Q G P
D K I M H J M Ż G K D I E A
T O C I A N T I A L Q A Q P
T O A E D O H L N O R E H R
F I N M M K T U I G R T X A
L Y Ġ A M I Y Q W O O P Z T
I R R I H Ċ U C G J A A M O
N J G J E I U J N I Ċ G M U
J Z M N F Ġ M T I C K U D C
A A L L A G A P P A P N J A
V C U G P Y T H A J K L A N
K A N A R I N I X G X K B O
```

KANARINI
TIĠIEĠ
F'LINJA
CUCKOO
ĦAMIEMA
PAPRA
AJKLA
BAJD
FLAMINGO
WIŻŻ

HERON
NAGĦMA
PAPPAGALL
PAGUN
PELICAN
PINGWIN
SPARROW
ĊIKONJA
ĊINJU
TOUCAN

66 - Art

M J B D B I A K I M A R E Ċ
P O E Ż I J A O B I W B C S
O N E S T X B M O T Q Z A S
A P W S S I C P L A R R W U
O E S E K T Y O A R B L C Ġ
S R B L U G U Ż E I M E Y Ġ
I S U P L I Ċ I L P M E S E
M O R M T R C Z F S P S Q T
B N D U U U Y Z H I C A C T
O A A K R T S J P Q G P E O
L L T Y A T Q O L Ħ O U L I
U I A P X I A N O L H B R G
Y X G Y R P X I O V W Y F A
Y F S Y O O R I Ġ I N A L I

ĊERAMIKA	ORIĠINALI
KUMPLESS	PITTURI
KOMPOŻIZZJONI	PERSONALI
OĦLOQ	POEŻIJA
FIGURA	SKULTURA
ONEST	SEMPLIĊI
ISPIRATI	SUĠĠETT
BURDATA	SIMBOLU

67 - Nutrition

```
W  K  C  K  D  L  I  K  W  I  D  I  K  T
X  W  I  A  N  I  S  S  O  T  C  F  A  O
K  A  K  R  W  R  Ġ  O  H  J  C  P  L  G
V  L  B  B  I  N  I  E  T  O  R  P  O  Ħ
I  I  I  O  D  P  X  B  S  B  P  S  R  M
T  T  L  I  K  E  V  V  N  T  J  A  I  A
A  À  A  D  V  W  P  F  K  N  J  B  J  O
M  O  N  R  R  O  M  I  Q  E  J  O  I  J
I  L  Ċ  A  Ħ  Ħ  A  S  Ż  J  P  K  N  S
N  A  J  T  I  T  P  A  M  I  F  O  V  I
A  R  A  I  Z  A  L  Z  A  R  C  H  W  D
D  Z  T  E  U  E  H  Y  A  T  E  I  D  M
Ħ  W  A  W  A  R  B  K  X  U  D  I  Q  U
D  R  A  W  W  I  E  T  E  N  O  W  U  P
```

APTIT	LIKWIDI
BILANĊJAT	NUTRIJENT
MORR	PROTEINI
KALORIJI	KWALITÀ
KARBOIDRATI	ZALZA
DIETA	ĦWAWAR
DIĠESTJONI	TOSSINA
TOGĦMA	VITAMINA
DRAWWIET	PIŻ
SAĦĦA	

68 - Hiking

```
Z L A H M S J E Ġ I Z Q A P
R B C Y U S U W Z E N M P A
L I S G N L K M J F B S P R
I R Z I T P Q N M T R E Z K
T Q A L A P P A M I W I L S
K I M A N T R G I L T U N D
G R L M J B Y Y N K T M U V
X D I I A G G Y A I X E M X
D U J N J H C U T R X I V Q
N M F N R R K S U E A T C F
E E M A C I D M R P D W T H
K E M T L H F X A G W I D I
D S E U T E M P G K L I M A
I K R L S GĦ A J J I E N K
```

ANNIMALI
IRDUM
KLIMA
GWIDI
PERIKLI
TQAL
MAPPA
NEMUS
MUNTANJA

NATURA
PARKS
ĠEBEL
SUMMIT
XEMX
GĦAJJIEN
ILMA
TEMP

69 - Professions #1

```
T  A  B  I  B  N  O  C  F  L  U  V  L  G
K  A  R  T  O  G  R  A  F  U  P  M  Y  U
I  N  F  E  R  M  I  E  R  A  X  E  I  G
Q  K  Ż  A  M  B  A  X  X  A  T  U  R  O
M  O  E  T  A  N  N  A  R  U  B  D  I  L
K  W  F  E  F  M  V  J  S  Ħ  S  Z  F  O
W  Ċ  F  X  G  H  R  U  T  A  Ċ  Ċ  A  K
I  M  I  A  V  U  K  A  T  J  B  S  Ġ  I
R  R  E  M  U  L  P  V  Y  T  A  L  E  S
Ħ  U  N  O  N  K  V  D  N  U  N  N  O  P
A  S  T  R  O  N  O  M  U  R  K  D  L  D
B  T  S  I  Ċ  I  Ż  U  M  G  I  A  O  B
H  I  V  N  D  J  N  J  G  X  E  V  G  S
R  E  I  L  L  E  J  J  O  Ġ  R  X  U  R
```

AMBAXXATUR	ĠEOLOGU
ASTRONOMU	KAĊĊATUR
AVUKAT	ĠOJJELLIER
BANKIER	MUŻIĊIST
KARTOGRAFU	INFERMIERA
KOWĊ	PLUMER
ŻEFFIEN	PSIKOLOGU
TABIB	BAĦRI
EDITUR	ĦAJTU
TAN-NAR	

70 - Barbecues

```
M X Z M E J B L S A J F X T
O A H P X Q M E O P B Y W F
I T I Ġ I E Ġ K U G D B S A
T O V Y X O X I X D Ħ V C M
A Q P R A N Z U D M L O T I
L A F T Ħ F E K K F L F B L
A L F J M T F R O T T B N J
S K I E K E N M Z A L Z A A
N U A R M K I E A S M D P P
I T J W G E C L A D F F T K
B F L B E I B Ħ K K A J O O
T T H I B R N U Ħ S B T H R
H D H Y G F G Ġ M U Ż I K A
B E U S Y E K J I A J G F K
```

TIĠIEĠ	SĦUN
TFAL	ĠUĦ
PRANZU	SKIEKEN
FAMILJA	MUŻIKA
IKEL	INSALATI
FRIEKET	MELĦ
ĦBIEB	ZALZA
FROTT	SAJF
LOGĦOB	TADAM
GRILL	ĦAXIX

71 - Vegetables

```
Ġ  J  H  K  R  A  V  A  N  E  L  L  Z  S
I  A  D  A  L  S  A  B  M  T  M  D  C  P
N  C  L  R  A  J  Ħ  P  F  A  T  Q  N  I
Ġ  N  E  F  S  R  X  I  A  T  D  M  V  N
E  P  I  U  A  S  X  Ż  Q  A  Z  A  N  A
R  H  Ġ  S  B  H  R  E  Q  L  B  J  T  Ċ
V  S  N  G  R  O  B  L  I  A  E  I  R  I
H  T  U  Y  P  U  D  L  E  S  W  R  H  N
P  E  R  N  A  Q  T  I  G  N  D  A  S  N
A  J  B  P  S  A  A  B  Ħ  I  W  N  Q  P
N  L  M  C  T  Q  Q  H  L  Z  H  N  U  M
T  E  W  M  A  O  L  Ż  E  B  B  U  Ġ  A
G  G  X  G  R  Ċ  E  E  G  W  B  Z  G  N
K  J  D  C  D  Ċ  B  R  J  V  B  B  K  O
```

QAQOĊĊ	BASLA
ZUNNARIJA	TURSIN
PASTARD	PIŻELLI
KARFUS	RAVANELL
ĦJAR	INSALATA
BRUNĠIEL	BASAL
TEWM	SPINAĊI
ĠINĠER	TADAMA
FAQQIEGĦ	AQLEB
ŻEBBUĠA	

72 - The Media

```
L O K A L I Z I C I E O L Z
X J A O Q L U N I N D N G S
N E T W E R K D L D U L E M
R E K L A M I I A U K I R K
Z X I D S O L V W S A N I U
M B I L N W B I T T Z E N M
F S P R P X B D T R Z E O M
Q O K Q S G U W E I J A J E
F A T T I T P A L J O S Z R
R I V I S T I L L A N T Z Ċ
R A D J U A L I E Y I K I J
M Y A P X I L A T I Ġ I D A
Y A B N I N O J N I P O E L
A T T I T U D N I J I E T I
```

REKLAMI

ATTITUDNIJIET

KUMMERĊJALI

DIĠITALI

EDIZZJONI

EDUKAZZJONI

FATTI

INDIVIDWALI

INDUSTRIJA

INTELLETTWALI

LOKALI

RIVISTI

NETWERK

ONLINE

OPINJONI

PUBBLIKU

RADJU

73 - Boats

```
E  Q  O  Ċ  E  A  N  A  Y  G  U  F  J  I
A  K  P  N  R  I  U  R  A  Ħ  A  B  M  J
Q  J  W  W  J  V  L  T  V  N  Ħ  M  R  E
E  B  U  I  Q  M  B  T  E  Y  A  A  I  T
P  B  M  R  P  A  R  A  M  X  B  G  F  I
K  T  H  Ħ  A  A  A  Ċ  Ċ  A  E  N  J  K
A  D  D  A  B  R  Ġ  F  U  I  L  A  S  S
Y  P  A  B  B  K  W  Ġ  L  U  R  W  E  F
A  H  I  R  U  N  E  K  I  A  Q  B  X  Z
K  O  A  Ė  R  A  M  E  M  E  G  A  L  Y
F  P  P  R  Q  D  V  V  U  T  M  G  A  W
U  A  N  H  Q  H  U  K  I  T  W  A  N  O
T  E  S  Y  Y  A  V  C  M  O  G  I  Ċ  Y
U  G  M  U  C  D  M  A  J  J  J  D  A  B
```

ANKRA	NAWTIKU
BAGA	OĊEAN
KENURI	ĊATTRA
EKWIPAĠĠ	XMARA
BAĊIR	ĦABEL
MAGNA	BAĦRI
LANĊA	BAĦAR
KAYAK	MAREA
LAG	MEWĠ
ARBLU	JOTT

74 - Activities and Leisure

```
W  M  A  L  G  B  B  G  T  E  N  N  I  S
E  W  I  Q  K  A  P  A  Ħ  O  F  S  B  L
U  A  Ġ  X  I  S  T  J  S  A  V  J  J  L
X  Ħ  A  P  I  K  Z  Z  R  E  D  Q  A  A
B  G  R  A  E  V  R  O  J  B  I  U  B
O  T  D  S  I  T  M  A  V  D  J  A  S  Y
X  L  I  S  X  B  B  P  D  E  K  G  L  E
I  I  N  A  R  A  Ġ  Ġ  A  J  V  O  O  L
N  E  A  T  S  L  W  F  K  R  Y  L  B  L
G  L  Ġ  E  V  L  V  G  O  C  V  F  T  O
Q  A  Ġ  M  Ż  E  B  G  Ħ  A  E  N  U  V
C  Q  D  P  A  R  T  I  H  L  W  G  F  M
G  F  Q  I  S  U  R  F  I  N  G  Y  G  R
F  I  R  I  L  A  S  S  A  M  E  N  T  I
```

ARTI
BASEBALL
BASKETBALL
BOXING
GĦADIS
SAJD
ĠARDINAĠĠ
GOLF
MIXI
PASSATEMPI

ŻEBGĦA
TLIELAQ
IRILASSAMENT
XIRI
FUTBOL
SURFING
GĦAWM
TENNIS
VJAĠĠAR
VOLLEYBALL

75 - Driving

```
F P D N L S E L G F D S H A
X J G A Z Z O R A K Q I M Ċ
V U U A P P A M R K C G O Ċ
G W F W S S Q Y A A U U T I
R T N I I S Q A X R P R O D
A M N G E L S Y X T E T Ċ E
K H U A H R U T U M R À I N
T R A F F I K U A B I T K T
L Q V E L O Ċ I T À K Z L Q
V I Q A J Z N E Ċ I L Y E W
T R A S P O R T G Y U S T M
L T B R E J K I J I E T T I
P J R V E T H U N D P T A N
N I X Q W P U L I Z I J A A
```

AĊĊIDENT	MUTUR
BREJKIJIET	MOTOĊIKLETTA
KAROZZA	PULIZIJA
PERIKLU	SIGURTÀ
XUFIER	VELOĊITÀ
FJUWIL	TRIQ
GARAXX	TRAFFIKU
GASS	TRASPORT
LIĊENZJA	TRAKK
MAPPA	MINA

76 - Professions #2

```
B F D B B B F P E K E Q O I
U I E W I I O I I P E B O N
Y L N R J D T N G L I G I Ġ
R O T U O W O V A F O A T I
C S I T L I G E Ġ M A T W N
T F S A O A R N A Ż G S A I
S U T K G O A T R O N I N E
I T J R U T F U D O F W O R
L M S E V Y U R I L J G R U
A I Y Ċ K S N L N O A N T T
N M B I J L M B A G P I S T
R U G R U R I K R U R L A I
U T N O A G Ħ A L L I E M P
Ġ I Z G J R O E W T A B I B
```

ASTRONAWTI
BIJOLOGU
DENTIST
INĠINIER
BIDWI
ĠARDINAR
INVENTUR
ĠURNALIST
LIBRAR
LINGWISTA

PITTUR
FILOSFU
FOTOGRAFU
TABIB
PILOTA
RIĊERKATUR
KIRURGU
GĦALLIEM
ŻOOLOGU

77 - Mythology

```
T  J  S  H  G  P  I  T  E  K  R  A  E  E
O  I  W  I  D  U  S  M  T  Z  X  Ħ  Ġ  R
G  B  F  B  X  R  O  A  Ġ  Q  X  Ħ  E  O
L  F  L  S  U  E  B  R  J  I  B  A  N  I
J  G  Y  R  I  U  G  I  K  J  E  S  N  N
G  A  Z  N  Ħ  R  M  Ħ  R  S  E  B  A  A
E  R  O  J  O  T  A  G  E  I  P  T  A  Q
J  U  B  N  L  S  F  Y  A  S  J  F  T  F
R  T  H  Q  Q  A  U  E  T  T  N  P  N  I
A  L  O  Y  I  Ż  Z  E  U  E  D  A  H  K
G  U  L  M  E  I  H  O  R  M  L  E  S  E
Ħ  K  S  S  N  D  O  V  A  A  T  R  I  O
A  I  N  I  M  M  O  R  T  A  L  I  T  À
D  M  O  R  T  A  L  I  W  X  Z  B  H  D
```

ARKETIP	IMMORTALITÀ
IMĠIEBA	GĦIRA
ĦOLQIEN	SISTEMA
KREATURA	TIFSIRA
KULTURA	SAJJETTI
DIŻASTRU	MORTALI
ĠENNA	SAĦĦA
EROJ	RAGĦAD
EROINA	

78 - Hair Types

```
J Y F N C E L I B T V P B H
N I X O X H G S A J W X L T
R J T K A W B W T V O I V L
P O A K N G A E R Y Z N L E
Q N L L J B Ħ D A J B A D Q
E Ż L I T R Ħ E D C A H K Q
N I E X E F A X X I L X A Q
Z R N S Z S S X F Q F G B A
R G N Y O N I S Ġ I E T O S
Y S A N X O Ħ A W Q Y M Ċ I
E J K I K K U L U R I T Ċ R
C E I R G S P P H I B M I A
J T I V U X P U H U A J A V
R A O F M M A F A L O J I S
```

ISWED
BJOND
NISĠIET
KANNELLA
IKKULURIT
NOKKLI
KABOĊĊI
NIEXEF
GRIŻ
SAĦĦA

TWIL
TLEQQ
QASIR
FIDDA
LIXXA
ARTAB
ĦOXNA
IRQIQ
ABJAD

79 - Garden

```
T W G B L G G Y O Q D I T T
U Q Ħ W A K A R U J F N R E
D P A T J N T R O Z P K A R
C F D B T I K V A U E L M R
N E I N Ġ H J K Z X V I P A
E P R J P Ċ I N T D X N O Z
S B A B J A W R A W Ġ A L Z
A Q E A A S L U L I A Z I I
K R V J P I Q A B E R Z N N
Ħ A X I X Ġ G P W L D J D P
W F V R D R P X Y I I O R O
G D H M A A B U S H N N M C
D A E A C T W H U G A I P Z
Q B O Ħ Ħ A X I X Ħ A Ż I N
```

BANK	INKLINAZZJONI
BUSH	BLAT
ĊINT	PALA
FJURA	ĦAMRIJA
GARAXX	TERRAZZIN
ĠNIEN	TRAMPOLIN
ĦAXIX	SIĠRA
PAJP	DWIELI
ĠARDINA	ĦAXIX ĦAŻIN
GĦADIRA	

80 - Diplomacy

```
G V A K I T A M O L P I D E
E V G P C N C S I G U R T À
N H E J K T T T I L F N O K
B J X R F U K E Ċ T O C K E
R E V Q N E R D G I M A M T
K O N S U L E N T R V K B I
Ġ U S T I Z Z J A N I I P K
R S O L U Z Z J O N I T K A
A M B A X X A T A A D I À A
D I S K U S S J O N I L E Q
K O M U N I T À L Z I O M N
Ċ I T T A D I N I Y Q P I R
A M B A X X A T U R D D U S
U M A N I T A R J A Z J Y C
```

KONSULENT
AMBAXXATUR
ĊITTADINI
ĊIVIKA
KOMUNITÀ
KONFLITT
DIPLOMATIKA
DISKUSSJONI
AMBAXXATA

ETIKA
GVERN
UMANITARJA
INTEGRITÀ
ĠUSTIZZJA
POLITIKA
SIGURTÀ
SOLUZZJONI

81 - Countries #1

```
O  L  I  I  L  L  I  B  J  A  P  J  I  T
L  I  O  L  I  L  L  A  T  V  J  A  N  B
I  Ż  I  L  M  V  J  E  T  N  A  M  N  I
X  R  G  T  Q  A  D  A  N  A  K  L  I  L
U  A  J  Ġ  E  V  R  O  N  N  I  A  K  P
T  E  L  I  R  A  Q  O  L  R  B  Q  A  O
T  L  E  E  H  J  F  I  K  Z  D  Y  R  L
I  L  P  A  N  A  M  A  G  K  A  U  A  O
Ġ  Y  S  S  E  N  E  G  A  L  L  X  G  N
E  M  P  I  L  B  R  A  Ż  I  L  C  W  J
L  V  A  J  N  A  M  R  E  Ġ  L  I  A  A
J  O  N  I  R  R  U  M  A  N  I  J  A  O
Q  H  J  L  I  T  A  L  J  A  M  E  F  E
T  K  A  J  D  N  A  L  N  I  F  L  I  Y
```

IL-BRAŻIL	IL-MAROKK
IL-KANADA	IN-NIKARAGWA
L-EĠITTU	IN-NORVEĠJA
IL-FINLANDJA	IL-PANAMA
IL-ĠERMANJA	IL-POLONJA
L-IRAQ	IR-RUMANIJA
L-IŻRAEL	SENEGAL
L-ITALJA	SPANJA
IL-LATVJA	VJETNAM
IL-LIBJA	

82 - Adjectives #1

```
K A K G E M B Q B E O Q A S
U S V Q B O Ħ I B A S J M O
N S A O G D W Q L F C N B I
T O L E D E K R S M O P I D
E L U D Z R B I J E O V Z E
N U R F W N Q J H R H D Z N
T T I Ċ T A M O R A I Y J T
Y U I M P O R T A N T I U I
P R U K I T S I T R A L Ż K
E Ż O T I K U K Y E F T C U
T K F W S C F X U H R U X B
Q I V J S E R J I R C P T O
A V O Y V R N Ġ E N E R U Ż
L S L Z S F Q O H A U Z A Z
```

ASSOLUT
AMBIZZJUŻ
AROMATĊI
ARTISTIKU
SABIĦ
SKUR
EŻOTIKU
ĠENERUŻ
KUNTENT
TQAL

UTLI
ONEST
IDENTIKU
IMPORTANTI
MODERNA
SERJI
BIL-MOD
IRQIQ
VALUR

83 - Landscapes

```
Q E P C U G R E B E C I A N
W E A H L L L I H S W A M P
V I Z C M A J N A T N U M L
T U M Q P Ċ O Ċ E A N J T X
X U L P S I S A O O R W O O
L P N K X E C K Y J L A W C
A E E D A R A Ħ A B W L T H
G N O U R N R Q R X E I R M
J I K Y A A A J I Y D O E U
T S B B Ħ J M D Ż X V O Ż D
S O K X G J X N G C R M E R
S L E K U A T A K S A K D I
M A R B F B S H H D P Z B Q
K Y S D U U H J I W X V U Z
```

BAJJA	OASIS
GĦAR	OĊEAN
IRDUM	PENISOLA
DEŻERT	XMARA
GLAĊIER	BAĦAR
HILL	SWAMP
ICEBERG	TUNDRA
GŻIRA	WIED
LAG	VULKAN
MUNTANJA	KASKATA

84 - Plants

```
F  V  E  Ġ  E  T  A  Z  Z  J  O  N  I  E
B  E  C  V  M  L  G  D  R  B  N  P  U  J
X  Ė  R  V  C  A  R  U  J  F  I  E  G  X
O  R  R  T  Q  R  E  Ħ  G  B  M  B  K  B
F  V  K  R  I  O  V  N  C  U  K  K  O  C
Q  O  G  Q  Y  L  L  E  P  S  D  X  B  K
B  O  R  U  V  F  I  U  M  H  K  K  O  Z
P  V  N  E  I  N  Ġ  Z  L  I  A  N  T  H
U  Ż  S  T  S  H  K  S  Z  Q  R  S  A  P
E  I  G  Ť  L  T  X  I  X  A  Ħ  U  N  W
X  Ż  E  O  E  Q  I  Ġ  C  R  N  T  I  S
F  A  Ż  O  L  A  T  R  B  E  T  T  K  C
D  Ħ  Y  G  U  B  M  A  B  W  H  A  A  Z
K  P  E  T  A  L  E  I  K  G  T  K  C  Y
```

BAMBU	FORESTI
FAŻOLA	ĠNIEN
BERRY	ĦAXIX
BOTANIKA	IVY
BUSH	ĦAŻIŻ
KATTUS	PETAL
FERTILIZZANT	GĦERQ
FLORA	ZOKK
FJURA	SIĠRA
WERAQ	VEĠETAZZJONI

85 - Boxing

```
I  J  S  S  D  K  O  R  P  L  U  H  F  X
N  Ħ  B  U  L  A  S  R  M  M  W  I  I  U
G  O  P  P  O  N  E  N  T  I  B  H  S  T
W  E  Ż  A  W  R  I  T  I  D  N  X  T  T
A  A  Q  F  Ħ  E  O  Z  I  F  R  K  J  W
N  I  A  R  E  I  N  U  T  N  A  K  E  Y
T  L  T  S  R  T  L  Y  I  R  Q  W  Q  B
I  G  I  A  E  N  T  A  R  L  H  I  A  Y
R  E  F  Ħ  F  U  E  L  E  W  A  K  N  M
N  D  F  Ħ  E  P  Z  N  F  A  U  S  P  A
V  D  O  A  R  I  R  K  U  P  R  U  I  L
G  U  K  Ġ  E  L  L  I  E  D  G  K  E  A
S  M  A  R  J  D  H  T  T  U  Z  T  N  J
A  B  R  Q  F  Q  Y  X  G  O  V  X  A  R
```

QANPIENA	FERITI
KORP	XUTT
IL-GEDDUM	OPPONENT
KANTUNIERA	PUNTI
MINKEB	MALAJR
EŻAWRITI	IRKUPRU
ĠELLIED	REFERE
FIST	ĦBULA
TIFFOKA	ĦILA
INGWANTI	SAĦĦA

86 - Countries #2

```
I  L  M  E  S  S  I  K  U  L  A  O  S  P
L  U  K  R  A  J  N  A  P  W  D  N  H  A
I  L  L  I  B  E  R  J  A  O  N  U  J  G
K  P  J  R  N  A  T  S  I  K  A  P  L  I
Q  K  N  Z  F  F  D  R  I  L  G  P  A  Q
X  O  D  S  H  L  R  U  L  A  U  A  P  V
I  S  S  I  R  J  A  S  G  L  N  Ġ  E  N
S  O  M  A  L  J  A  S  R  B  A  L  N  I
N  H  K  A  J  V  A  J  E  A  B  I  N  Ġ
S  U  D  A  N  P  Z  A  Ċ  N  I  Ħ  I  E
V  I  O  C  U  H  O  E  J  I  L  A  T  R
J  Z  Z  K  W  N  N  J  A  J  L  I  D  J
S  U  N  X  L  X  E  C  T  A  I  T  R  A
I  L  Ġ  A  M  A  J  K  A  E  P  I  E  A
```

L-ALBANIJA	IN-NEPAL
ETJOPJA	NIĠERJA
IL-GREĊJA	IL-PAKISTAN
ĦAITI	RUSSJA
IL-ĠAMAJKA	SOMALJA
IL-ĠAPPUN	SUDAN
LAOS	IS-SIRJA
IL-LIBANU	UGANDA
IL-LIBERJA	L-UKRAJNA
IL-MESSIKU	

87 - Ecology

```
O S V E Ġ E T A Z Z J O N I
N O D I V E R S I T À W K Q
A P G L O B A L I K L I M A
T R V B W M N G X M A R S H
U A N W A F M C Z A R X N P
R V L R E N Y F X C O W C J
A I S R O Ż I R A B L Q I A
P V V V X M A Y G A F X I N
T E I J A T I N U M O K A T
S N B N A T U R A L I F B I
P Z I A M U N T A N J I I W
E A U H Ħ T O A M K M I T V
Ċ I C D Q A G S Q G X W A D
I F M S I Y R M W X S N T Z
```

KLIMA

KOMUNITAJIET

DIVERSITÀ

NIXFA

FAWNA

FLORA

GLOBALI

ABITAT

BAĦAR

MARSH

MUNTANJI

NATURALI

NATURA

PJANTI

RIŻORSI

SPEĊI

SOPRAVIVENZA

VEĠETAZZJONI

88 - Adjectives #2

```
I N T E R E S S A N T I O R
K R J M P P R O D U T T I V
R S V K Ż U M A F Ħ N O W A
E C W R F V G V Ħ S E B W W
A Ħ L E I M H O U Ħ L N A T
T V B Z L Y F S Ġ J A O Q E
T X F Y M S Y P L X T S B N
I A O G F E X E I N D Q I T
V Q R U S X Ġ X B Q I V N I
K B U R I N D E B G F Q G K
J Y E Q A O I F H J H K Ħ U
T P I S O N D G X E Z F A W
D E S C R I P T I V E S S U
X Q D D V M E L E G A N T I
```

AWTENTIKU
KREATTIV
DESCRIPTIVE
NIEXEF
ELEGANTI
FAMUŻ
TALENT
SAĦĦA
SĦUN

BIL-ĠUĦ
INTERESSANTI
ĠDID
PRODUTTIV
KBURIN
MIELĦA
BI NGĦAS
QAWWI

89 - Psychology

```
K I Z X P S U B K O N X J U
O N H N E B L I J G S I G X
N O E A R T A Ħ Y E E M K I
F J U N Ċ D W R E K N Ġ K N
L Z A M E L B O R P S I I O
I Z L Y Z P Y T W B I E I J
T A A L Z D Z F A I H B F Z
T S L A J I P A R E T A D Z
R N M L O Ħ T K E A D J F A
I E I G N Ħ S I B I J I E T
D S A I I T T N Q F R L M U
Y P W L V I A I W Q S U R L
N I U C T B X L U C N F G A
C V O A J À F K X Q U T L V
```

ĦATRA	PERĊEZZJONI
VALUTAZZJONI	PROBLEMA
IMĠIEBA	REALTÀ
TFULIJA	SENSAZZJONI
KLINIKA	SUBKONXJU
KONFLITT	TERAPIJA
ĦOLM	ĦSIBIJIET
EGO	SENSIH
IDEAT	

90 - Math

```
U R T E M I R E P Q E I Y A
F Z I R X Ġ Y M A A S T C R
A R M R I Ġ H V H X P W N I
A F A I X A O I V B O H K T
N E I Z K R N N I A N W W M
G Q R H Z Q U G N C E D A E
O C T R I J N J O B N E D T
L J E F Z E O U J L T Ċ R I
I R M U R G N Ż V U I U K
R X M C O V I P I A V M P A
C L I M N O L Y V Q C A M S
S K S V C G O X I U Y L L K
Q V O L U M P Q D G P I U C
R E T T A N G O L U S N E X
```

ANGOLI	POLIGONU
ARITMETIKA	RAĠĠ
DEĊIMALI	RETTANGOLU
DIVIŻJONI	KWADRU
ESPONENT	SIMMETRIA
FRAZZJONI	TRIANGOLU
NUMRI	VOLUM
PERIMETRU	

91 - Activities

```
D  A  R  T  I  F  C  L  A  Z  Y  V  P  Ġ
I  H  A  L  J  R  R  O  I  C  D  Y  J  A
V  A  J  I  F  A  R  G  O  T  O  F  A  R
E  N  I  L  N  J  T  Ħ  W  A  T  O  Ċ  D
R  M  Ġ  A  V  Y  X  O  A  B  N  P  I  I
T  Z  A  S  A  J  D  B  K  X  W  Z  R  N
I  X  M  W  Ħ  A  T  T  I  V  I  T  À  A
M  N  M  C  G  T  S  W  M  R  K  U  Ħ  Ġ
E  U  I  D  B  A  Y  L  A  F  A  M  I  Ġ
N  W  X  F  E  J  B  Q  R  Y  Ċ  Q  L  M
T  S  I  N  Ż  Ħ  F  H  E  E  Ċ  B  A  W
S  N  A  J  J  A  C  T  Ċ  Y  A  W  V  V
I  N  T  E  R  E  S  S  I  M  N  X  C  D
R  I  L  A  S  S  A  M  E  N  T  Q  G  T
```

ATTIVITÀ	INTERESSI
ARTI	DIVERTIMENT
ĊERAMIKA	MAĠIJA
SNAJJA'	ŻEBGĦA
ŻFIN	FOTOGRAFIJA
SAJD	PJAĊIR
LOGĦOB	QARI
ĠARDINAĠĠ	RILASSAMENT
MIXI	ĦJATA
KAĊĊA	ĦILA

92 - Business

```
M M A R E I R R A K B M T X
I M T Q Q N Z X E L E A A Q
N M I J M V A E K X J N X M
I G Z A P E K S O X G I X B
Ħ T N O K S T U N A Ħ Ġ I J
A T A J O T I L O C I E O E
D J N U Z I Ġ F M E A R Y T
D C I H U M A K I R B B A F
E H F S I E B F J S P I Ż A
M P S S Z N G T A T I N U M
L F J J D T I M P J E G A T
K U M P A N I J A F A Q C P
I H Ħ M E R K A N Z I J A O
H E X D U F F I Ċ Ċ J U X N
```

BAĠIT	FINANZI
KARRIERA	DĦUL
KUMPANIJA	INVESTIMENT
SPIŻA	MANIĠER
MUNITA	MERKANZIJA
SKONT	FLUS
EKONOMIJA	UFFIĊĊJU
IMPJEGAT	BEJGĦ
MIN IĦADDEM	ĦANUT
FABBRIKA	TAXXI

93 - The Company

```
R P R O D O T T E L X P T R
E I N V E S T I M E N T G G
P N N V I K R E A T T I V J
U O E A S T M T D U K G N G
T J G J S S E R G O R P U F
A Ż O I B Q H I S R O Ż I R
Z I Z R B N N S J P A G I F
Z Ċ J T I C A K E A G G E F
J E U S L V E J P C T K B O
O D P U A G E I J P M I U J
N X U D B X E J R I E T N L
I L A N O J S S E F O R P U
C M F I L K W A L I T À D F
C Y H C G N E I T W D Ħ U L
```

NEGOZJU
KREATTIV
DEĊIŻJONI
IMPJIEG
GLOBALI
INDUSTRIJA
INVESTIMENT
PRODOTT
PROFESSJONALI

PROGRESS
KWALITÀ
REPUTAZZJONI
RIŻORSI
DĦUL
RISKJI
XEJRIET
UNITAJIET
PAGI

94 - Literature

```
D J A L O G U K I T E O P N
K M O N L O I R N C P F O B
R O E P I A N Ġ A W T U R E
I S N T H A T O D K E N A B
T T T K A M I R G I R Y B L
M I L K L F X I C J D F Y U
U L P V H U O T Q A B B I L
P A H X X C Ż R E U B E N P
A N A L I Ż I J A M E T O O
Y A J I F A R G O J I B J E
R A K K O N T I J N O K Z Ż
A N A L O Ġ I J A Y I B N I
D E S K R I Z Z J O N I I J
C T R A Ġ E D J A M R Z F A
```

ANALOĠIJA
ANALIŻI
ANEKDOTA
AWTUR
BIJOGRAFIJA
TQABBIL
KONKLUŻJONI
DESKRIZZJONI
DJALOGU
FINZJONI

METAFORA
RAKKONT
ĠDID
POEŻIJA
POETIKU
RIMA
RITMU
STIL
TEMA
TRAĠEDJA

95 - Geography

```
D  H  K  N  G  O  Q  X  I  A  V  F  M  V
T  E  R  R  I  T  O  R  J  U  K  M  U  B
T  R  A  M  U  N  T  A  N  A  Y  P  N  T
X  M  A  R  A  G  N  O  I  D  A  E  T  M
V  W  O  Q  J  Ż  T  K  U  U  L  M  A  A
D  R  A  H  N  I  S  F  O  N  T  I  N  P
N  H  B  Z  I  R  U  R  I  B  I  S  J  P
Z  P  E  Z  D  A  N  Y  C  A  T  F  A  A
L  A  T  I  T  U  D  N  I  Ħ  U  E  B  O
M  E  R  I  D  J  A  N  G  A  D  R  E  Ċ
K  O  N  T  I  N  E  N  T  R  N  A  L  E
A  T  L  A  S  H  P  X  U  T  I  P  T  A
P  A  J  J  I  Ż  R  E  Ġ  J  U  N  E  N
I  L  P  U  N  E  N  T  O  S  R  T  S  B
```

ALTITUDNI	MUNTANJA
ATLAS	TRAMUNTANA
BELT	OĊEAN
KONTINENT	REĠJUN
PAJJIŻ	XMARA
EMISFERA	BAĦAR
GŻIRA	NOFSINHAR
LATITUDNI	TERRITORJU
MAPPA	IL-PUNENT
MERIDJAN	DINJA

96 - Pets

```
Z  T  X  K  S  Ż  O  Ħ  G  O  M  F  Y  I
P  J  I  W  W  K  J  U  R  E  Ġ  Ė  B  L
Ġ  Q  A  T  T  U  S  T  P  W  N  K  Z  M
L  U  P  I  L  W  Y  K  V  M  E  R  R  A
L  G  R  K  E  L  B  Ċ  E  S  C  U  E  Y
A  Q  Z  D  K  O  N  I  T  A  V  N  T  G
G  T  D  P  I  K  E  N  E  Q  R  A  S  M
A  R  A  M  M  E  D  G  R  A  A  Q  M  K
P  C  E  B  L  N  N  A  I  J  L  S  A  I
P  Q  L  M  G  E  L  G  N  N  L  J  Ħ  B
A  C  H  E  X  F  T  Z  A  F  U  U  I  Z
P  R  Q  M  M  U  X  Y  R  S  K  V  A  O
P  X  T  H  W  M  L  D  J  Q  N  D  E  F
D  W  I  E  F  E  R  A  U  V  D  V  K  E
```

QATTUS	GREMXULA
DWIEFER	ĠURDIEN
KULLAR	PAPPAGALL
BAQRA	SAQAJN
KELB	ĠERU
ĦUT	FENEK
IKEL	DENB
MOGĦOŻ	FEKRUNA
ĦAMSTER	VETERINARJU
ĊINGA	ILMA

97 - Jazz

```
M W F L J G S F I X B R W O
P U R E N E Ġ I A Ġ R U U R
A M Ż Ċ A P Ċ I P M D T Z K
T T I I G P B S T A U I U E
T I F T K H U A N L I Ż D S
E R M I D A Q F A B T O I T
N J V R Q A D N B U S P P R
U U R O I I Q E A M E M F A
Z L H V X Z K W R X A O Y N
N N L A G T R Ċ N U K W S
A N Z F A R T I S T Q F R T
K O M P O Ż I Z Z J O N I I
T A L E N T T E K N I K A L
M C C C B P W W O R U A D Z
```

ALBUM
ĊAPĊIP
ARTIST
KOMPOŻITUR
KOMPOŻIZZJONI
KUNĊERT
TNABAR
ENFASI
FAMUŻ
FAVORITI

ĠENERU
MUŻIKA
ĠDID
QADIM
ORKESTRA
RITMU
KANZUNETTA
STIL
TALENT
TEKNIKA

98 - Nature

```
V U M E R O Ż J O N I Q O D
X F J U S E L V A Ġ Ġ I O E
W N G Q N L I W D Q Q F X Ż
K E A R A T L H C K N E M E
T R R U I L A M I N N A A R
N E I A O O T N E A M J R T
P S C M Q N I R J K D N A L
G W R A I L V F E I L A I A
S S B U Ħ I J A C M Ċ Ħ Z R
T R O P I K A L I A W A E T
G L A Ċ I E R K O N S L P I
P O X M F Ċ P A R I X I M K
F O R E S T I O T D F Q G U
Y S Ħ A B S A N T W A R J U
```

ANNIMALI	FORESTI
L-ARTIKU	GLAĊIER
SBUĦIJA	MUNTANJI
NAĦAL	PAĊI
SĦAB	XMARA
DEŻERT	SANTWARJU
DINAMIKA	SEREN
EROŻJONI	TROPIKALI
ĊPAR	VITALI
WERAQ	SELVAĠĠI

99 - Vacation #2

```
O D L X T N A R O T S I R B
D X G H I V R E S I R B D S
G E Y G N B T A L A A A I T
Ż V S V D M A P P A O R V A
I I U T A D N A K U L R E X
R Ż A J I V O R R E F A R I
A A C X P N H L X K D N T M
O I I J V R A J J A B I I U
S W D A A F J Z W X D T M N
T R A S P O R T Z T Y L E T
P A S S A P O R T J R Y N A
T Ħ A J R U P O R T O V T N
T A J V R B V J A Ġ Ġ N M J
O B R S C C O L P K F C I I
```

AJRUPORT	MUNTANJI
BAJJA	PASSAPORT
DESTINAZZJONI	RISERVI
BARRANI	RISTORANT
BTALA	BAĦAR
LUKANDA	TAXI
GŻIRA	TINDA
VJAĠĠ	FERROVIJA
DIVERTIMENT	TRASPORT
MAPPA	VIŻA

100 - Electricity

```
E  L  E  T  T  R  I  Ċ  I  S  T  A  G  R
Y  W  N  K  E  L  E  T  T  R  I  K  U  C
B  A  T  T  E  R  I  J  A  Q  H  E  Q  K
K  S  F  K  E  J  B  I  L  J  Z  B  L  P
T  W  O  T  E  L  E  V  I  Ż  J  O  N  I
A  Ġ  A  K  M  J  Q  A  H  B  T  S  R  S
G  E  P  N  I  A  N  Ż  A  Ħ  O  B  W  R
Ħ  N  M  N  T  T  Y  N  P  L  P  Z  U  E
M  E  A  O  V  I  T  T  A  G  E  N  Z  J
I  R  L  F  U  M  T  N  U  X  F  W  O  A
R  A  R  E  S  A  L  À  Y  L  V  X  T  W
T  T  O  L  H  L  N  E  T  W  E  R  K  L
O  U  Q  E  B  A  O  Ġ  Ġ  E  T  T  I  M
W  R  G  T  J  K  P  O  Ż  I  T  T  I  V
```

BATTERIJA	NEGATTIV
BOZZA	NETWERK
KEJBIL	OĠĠETTI
ELETTRIKU	POŻITTIV
ELETTRIĊISTA	KWANTITÀ
TAGĦMIR	SOKIT
ĠENERATUR	ĦAŻNA
LAMPA	TELEFON
LASER	TELEVIŻJONI
KALAMITA	WAJERS

1 - Antiques

2 - Food #1

3 - Measurements

4 - Farm #2

5 - Books

6 - Meditation

7 - Days and Months

8 - Energy

9 - Archeology

10 - Food #2

11 - Chemistry

12 - Music

13 - Family

14 - Farm #1

15 - Camping

16 - Algebra

17 - Numbers

18 - Spices

19 - Universe

20 - Mammals

21 - Fishing

22 - Bees

23 - Weather

24 - Adventure

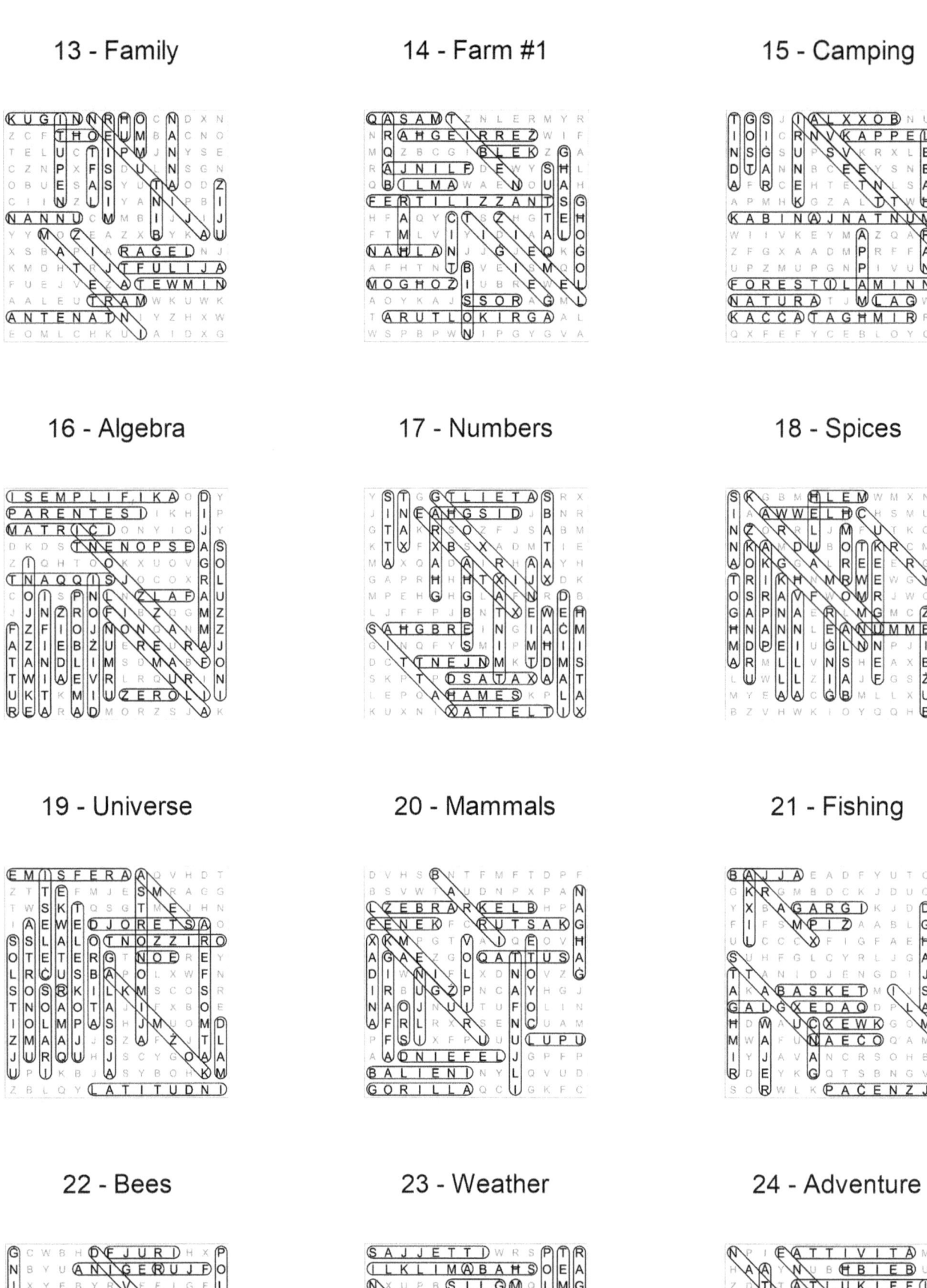

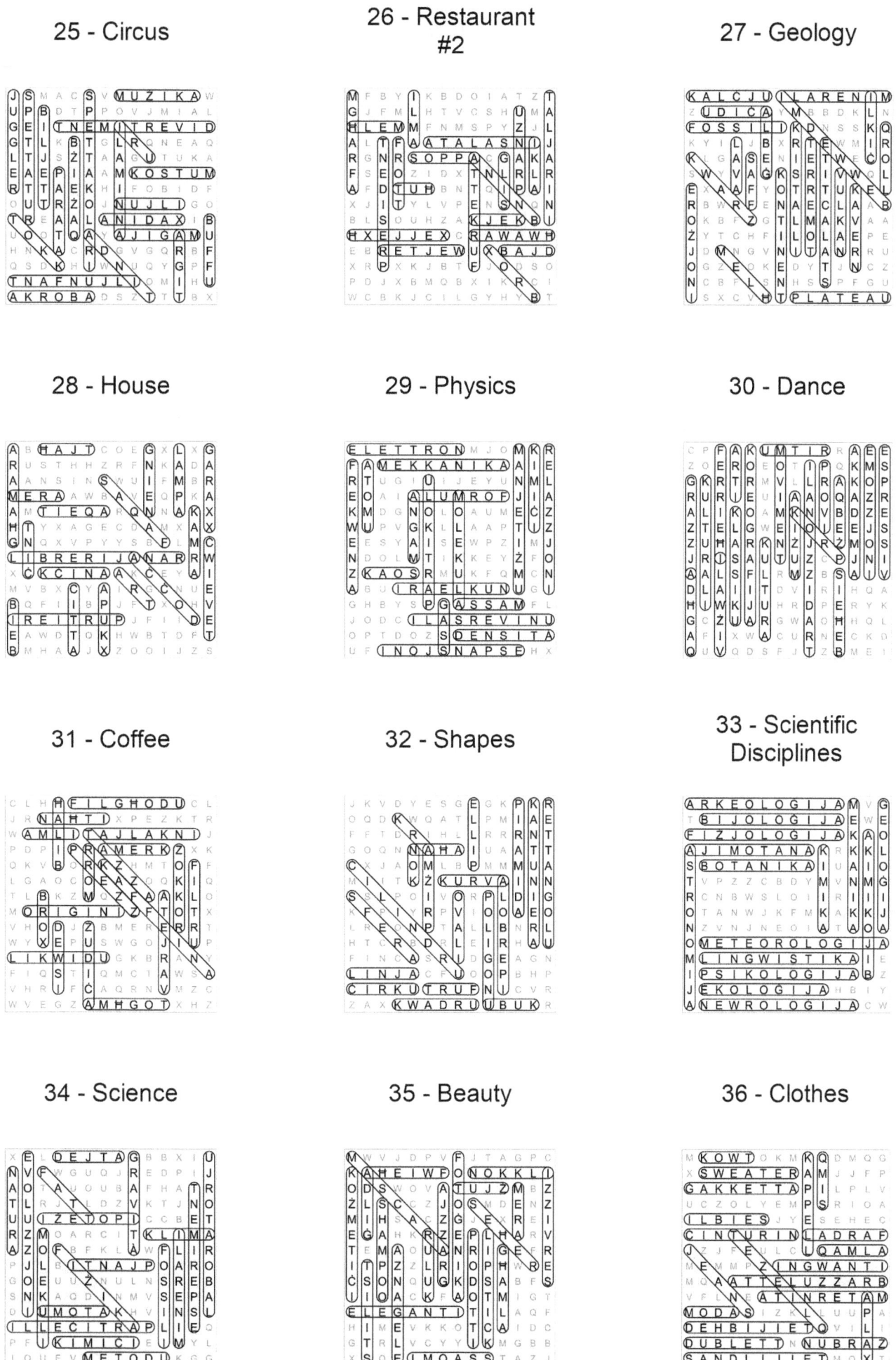

25 - Circus

26 - Restaurant #2

27 - Geology

28 - House

29 - Physics

30 - Dance

31 - Coffee

32 - Shapes

33 - Scientific Disciplines

34 - Science

35 - Beauty

36 - Clothes

37 - Ethics

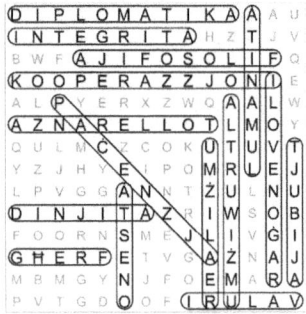

38 - Insects

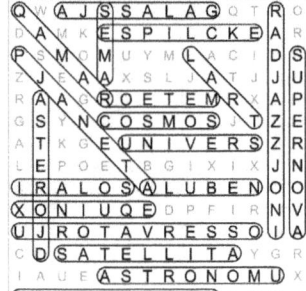

39 - Astronomy

40 - Health and Wellness #2

41 - Time

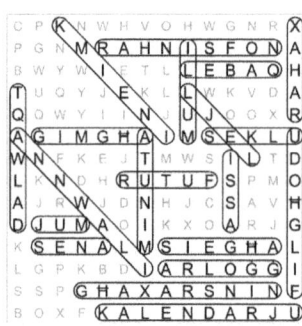

42 - Buildings

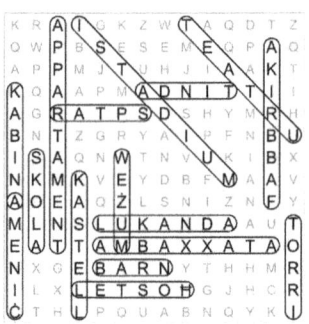

43 - Philanthropy

44 - Gardening

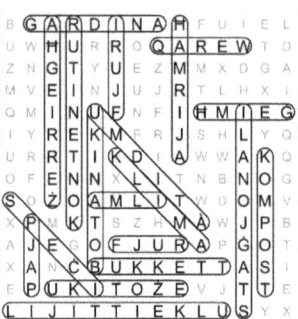

45 - Herbalism

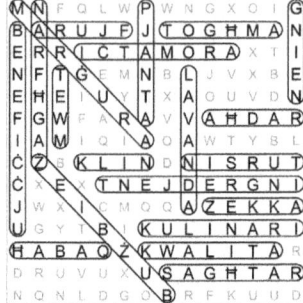

46 - Vehicles

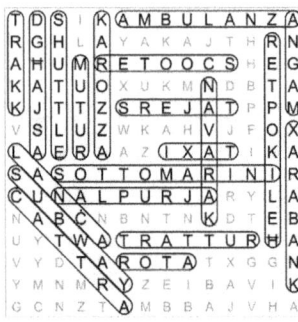

47 - Flowers

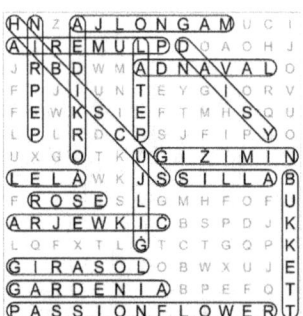

48 - Health and Wellness #1

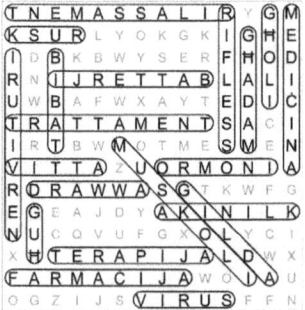

49 - Town

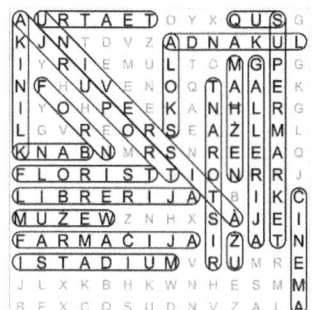

50 - Antarctica

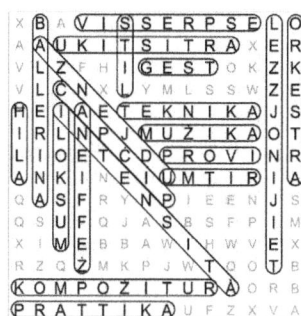

51 - Ballet

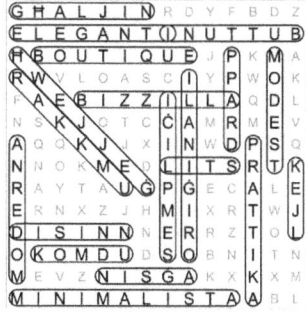

52 - Fashion

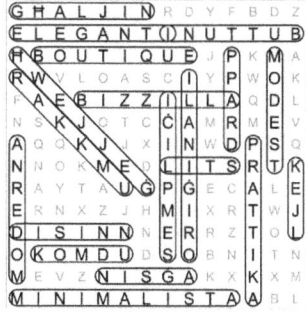

53 - Human Body

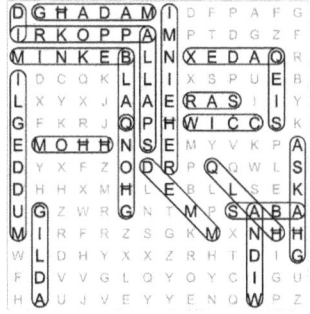

54 - Fruit

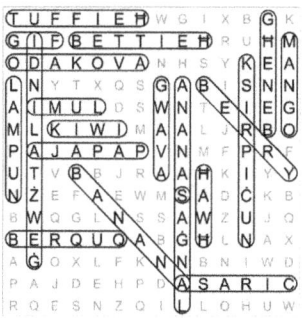

55 - Virtues #1

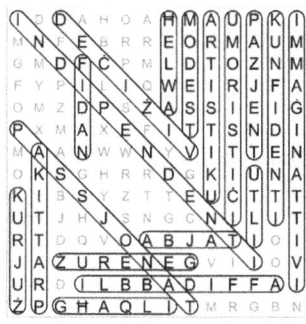

56 - Engineering

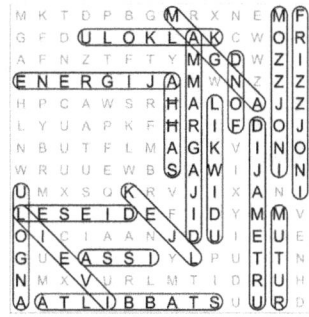

57 - Government

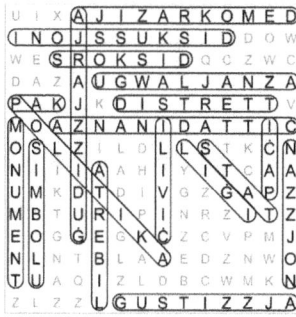

58 - Art Supplies

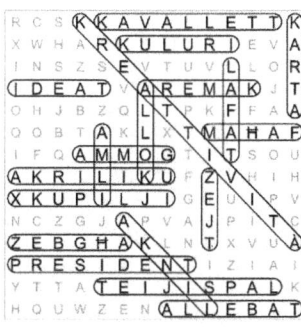

59 - Science Fiction

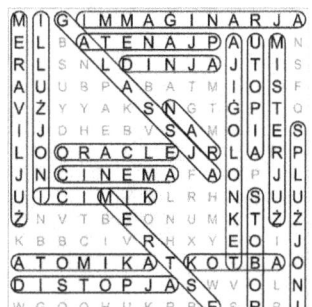

60 - Geometry

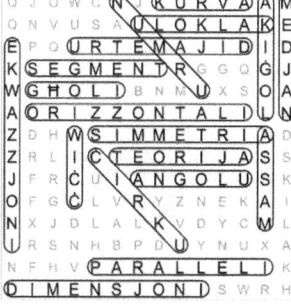

61 - Creativity

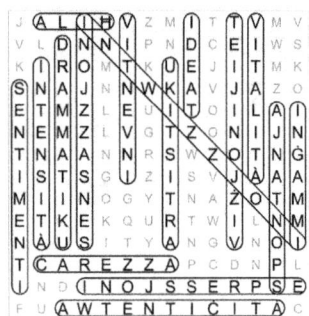

62 - Airplanes

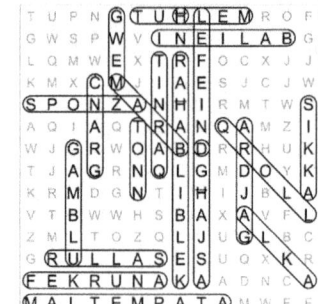

63 - Ocean

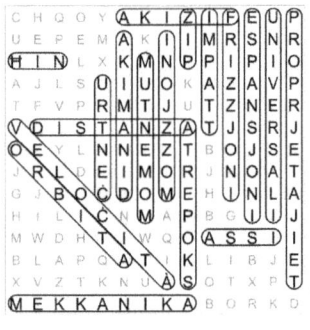

64 - Force and Gravity

65 - Birds

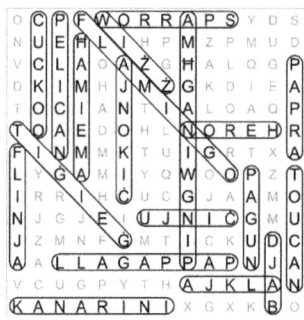

66 - Art

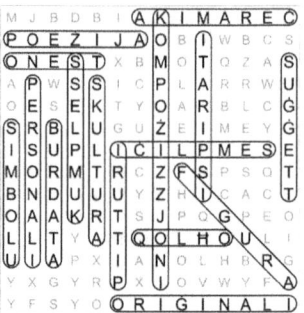

67 - Nutrition

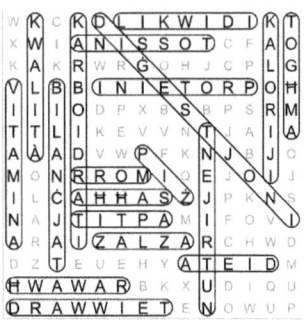

68 - Hiking

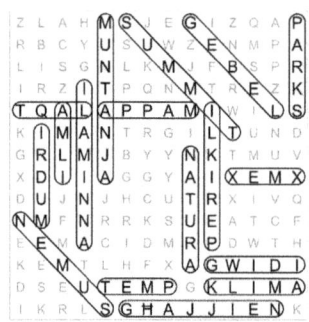

69 - Professions #1

70 - Barbecues

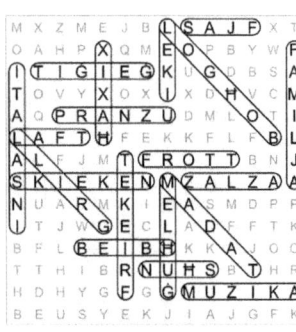

71 - Vegetables

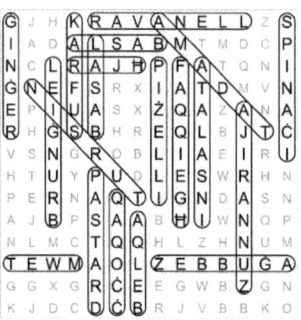

72 - The Media

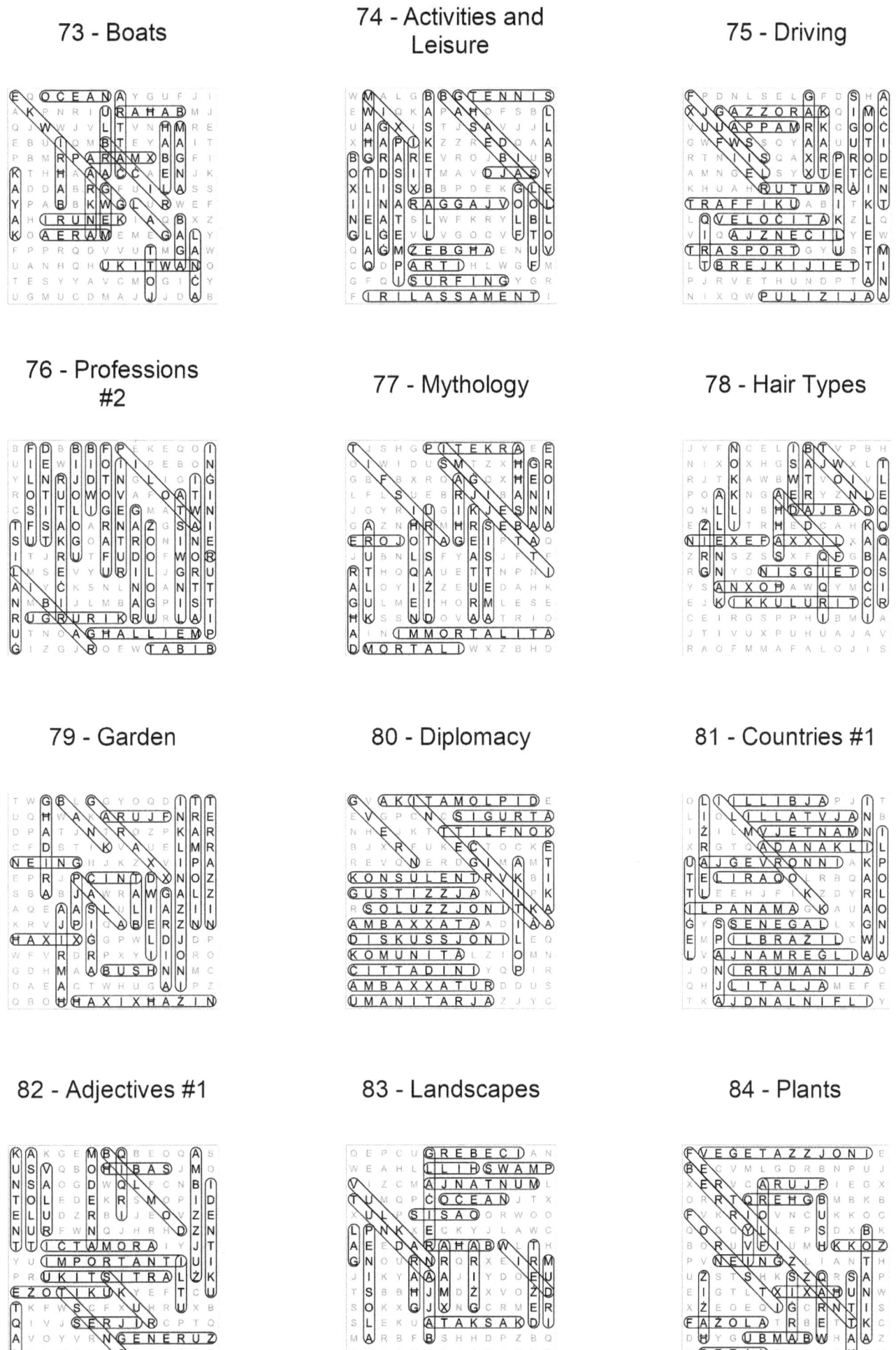

73 - Boats

74 - Activities and Leisure

75 - Driving

76 - Professions #2

77 - Mythology

78 - Hair Types

79 - Garden

80 - Diplomacy

81 - Countries #1

82 - Adjectives #1

83 - Landscapes

84 - Plants

85 - Boxing

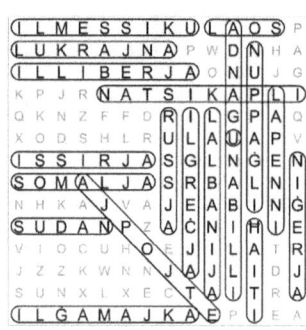

86 - Countries #2

87 - Ecology

88 - Adjectives #2

89 - Psychology

90 - Math

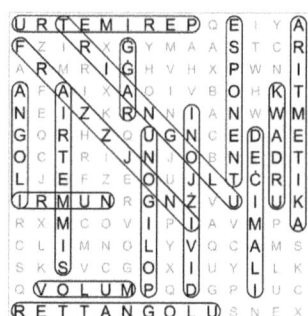

91 - Activities

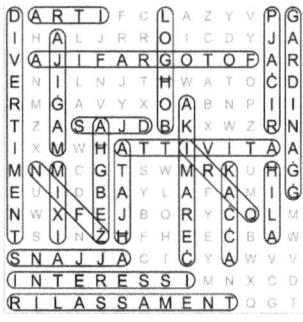

92 - Business

93 - The Company

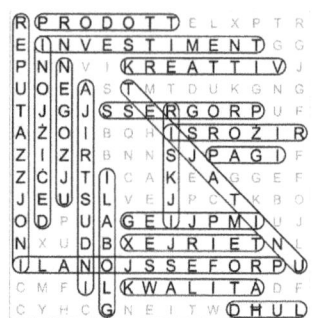

94 - Literature

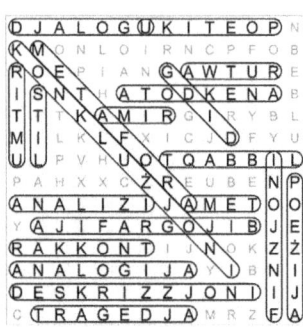

95 - Geography

96 - Pets

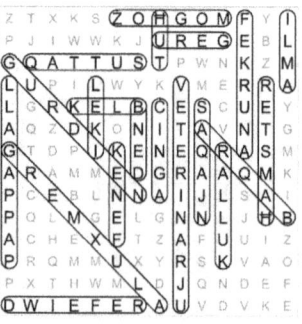

97 - Jazz

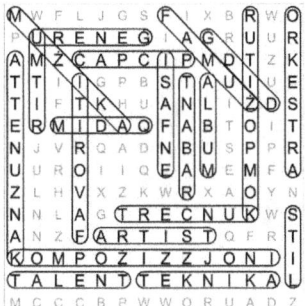

98 - Nature

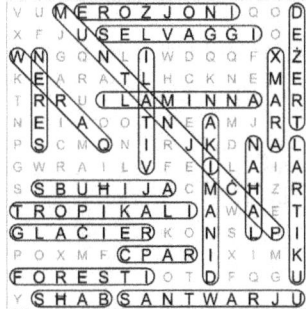

99 - Vacation #2

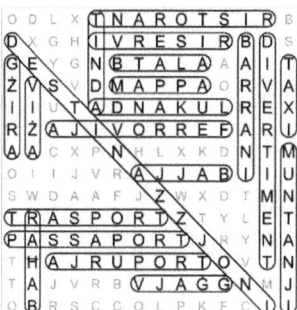

100 - Electricity

Dictionary

Activities
Attivitajiet

Activity	Attività
Art	Arti
Ceramics	Ċeramika
Crafts	Snajja'
Dancing	Żfin
Fishing	Sajd
Games	Logħob
Gardening	Ġardinaġġ
Hiking	Mixi
Hunting	Kaċċa
Interests	Interessi
Leisure	Divertiment
Magic	Maġija
Painting	Żebgħa
Photography	Fotografija
Pleasure	Pjaċir
Reading	Qari
Relaxation	Rilassament
Sewing	Ħjata
Skill	Ħila

Activities and Leisure
Attivitajiet u Divertime

Art	Arti
Baseball	Baseball
Basketball	Basketball
Boxing	Boxing
Diving	Għadis
Fishing	Sajd
Gardening	Ġardinaġġ
Golf	Golf
Hiking	Mixi
Hobbies	Passatempi
Painting	Żebgħa
Racing	Tlielaq
Relaxing	Irilassament
Shopping	Xiri
Soccer	Futbol
Surfing	Surfing
Swimming	Għawm
Tennis	Tennis
Travel	Vjaġġar
Volleyball	Volleyball

Adjectives #1
Aġġettivi #1

Absolute	Assolut
Ambitious	Ambizzjuż
Aromatic	Aromatċi
Artistic	Artistiku
Attractive	Attraenti
Beautiful	Sabiħ
Dark	Skur
Exotic	Eżotiku
Generous	Ġeneruż
Happy	Kuntent
Heavy	Tqal
Helpful	Utli
Honest	Onest
Identical	Identiku
Important	Importanti
Modern	Moderna
Serious	Serji
Slow	Bil-Mod
Thin	Irqiq
Valuable	Valur

Adjectives #2
Aġġettivi #2

Authentic	Awtentiku
Creative	Kreattiv
Descriptive	Descriptive
Dry	Niexef
Elegant	Eleganti
Famous	Famuż
Gifted	Talent
Healthy	Saħħa
Hot	Sħun
Hungry	Bil-Ġuħ
Interesting	Interessanti
Natural	Naturali
New	Ġdid
Productive	Produttiv
Proud	Kburin
Responsible	Responsabbli
Salty	Mielħa
Sleepy	Bi Ngħas
Strong	Qawwi
Wild	Selvaġġi

Adventure
Avventura

Activity	Attività
Beauty	Sbuħija
Bravery	Qlubija
Challenges	Sfidi
Chance	Ċans
Dangerous	Perikoluż
Destination	Destinazzjoni
Difficulty	Diffikultà
Enthusiasm	Entużjażmu
Excursion	Eskursjoni
Friends	Ħbieb
Itinerary	Itinerarju
Joy	Ferħ
Nature	Natura
Navigation	Navigazzjoni
New	Ġdid
Opportunity	Opportunità
Preparation	Preparazzjoni
Safety	Sigurtà
Surprising	Sorprendenti

Airplanes
Ajruplani

Adventure	Avventura
Air	Arja
Altitude	Altitudni
Atmosphere	Atmosfera
Balloon	Bużżieqa
Construction	Kostruzzjoni
Crew	Ekwipaġġ
Descent	Dixxendenza
Design	Disinn
Engine	Magna
Fuel	Fjuwil
Height	Għoli
History	Storja
Hydrogen	Idroġenu
Landing	Inżul
Passenger	Passiġġier
Pilot	Pilota
Propellers	Skrejjen
Sky	Sema
Turbulence	Turbulenza

Algebra
Alġebra

Addition	Żieda
Diagram	Dijagramma
Division	Diviżjoni
Equation	Ekwazzjoni
Exponent	Esponent
Factor	Fattur
False	Falz
Formula	Formula
Fraction	Frazzjoni
Infinite	Infinita
Linear	Lineari
Matrix	Matriċi
Number	Numru
Parenthesis	Parentesi
Problem	Problema
Simplify	Isemplifika
Solution	Soluzzjoni
Subtraction	Tnaqqis
Variable	Varjabbli
Zero	Żero

Antarctica
L-Antartika

Bay	Bajja
Birds	Għasafar
Clouds	Sħab
Continent	Kontinent
Cove	Cove
Environment	Ambjent
Expedition	Spedizzjoni
Geography	Ġeografija
Glaciers	Glaċieri
Ice	Silġ
Islands	Gżejjer
Migration	Migrazzjoni
Minerals	Minerali
Peninsula	Penisola
Researcher	Riċerkatur
Rocky	Blat
Scientific	Xjentifiku
Temperature	Temperatura
Topography	Topografija
Water	Ilma

Antiques
Antikitajiet

Art	Arti
Auction	Irkant
Authentic	Awtentiku
Century	Seklu
Coins	Muniti
Collector	Kollettur
Condition	Kondizzjoni
Decorative	Dekorattivi
Elegant	Eleganti
Furniture	Għamara
Gallery	Gallerija
Investment	Investiment
Jewelry	Dehbijiet
Old	Qadim
Price	Prezz
Quality	Kwalità
Restoration	Restawr
Sculpture	Skultura
Style	Stil
Value	Valur

Archeology
Arkeoloġija

Analysis	Analiżi
Ancient	Antik
Antiquity	Antikità
Bones	Għadam
Civilization	Ċiviltà
Descendant	Dixxendent
Era	Era
Evaluation	Evalwazzjoni
Expert	Espert
Findings	Sejbiet
Forgotten	Minsija
Fossil	Fossili
Mystery	Misteru
Objects	Oġġetti
Relic	Relikwa
Researcher	Riċerkatur
Team	Tim
Temple	Tempju
Tomb	Qabar
Unknown	Mhux Magħruf

Art
Arti

Ceramic	Ċeramika
Complex	Kumpless
Composition	Kompożizzjoni
Create	Oħloq
Expression	Espressjoni
Figure	Figura
Honest	Onest
Inspired	Ispirati
Mood	Burdata
Original	Oriġinali
Paintings	Pitturi
Personal	Personali
Poetry	Poeżija
Sculpture	Skultura
Simple	Sempliċi
Subject	Suġġett
Surrealism	Surrealism
Symbol	Simbolu
Visual	Viżwali

Art Supplies
Provvisti Tal-Arti

Acrylic	Akriliku
Brushes	Xkupilji
Camera	Kamera
Chair	President
Charcoal	Faħam
Clay	Tafal
Colors	Kuluri
Creativity	Kreattività
Easel	Kavallett
Eraser	Gomma
Glue	Kolla
Ideas	Ideat
Ink	Linka
Oil	Żejt
Paints	Żebgħa
Paper	Karta
Pencils	Lapsijiet
Table	Tabella
Water	Ilma
Watercolors	Waterklorurs

Astronomy
Astronomija

Asteroid	Asterojd
Astronaut	Astronawti
Astronomer	Astronomu
Cosmos	Cosmos
Earth	L-Art
Eclipse	Ekclipse
Equinox	Equinox
Galaxy	Galassja
Meteor	Meteor
Moon	Qamar
Nebula	Nebula
Observatory	Osservatorju
Planet	Pjaneta
Radiation	Radjazzjoni
Satellite	Satellita
Sky	Sema
Solar	Solari
Supernova	Supernova
Telescope	Teleskopju
Universe	Univers

Ballet
Ballet

Applause	Ċapċip
Artistic	Artistiku
Audience	Udjenza
Ballerina	Ballerina
Choreography	Koreografija
Composer	Kompożitur
Dancers	Żeffiena
Expressive	Espressiv
Gesture	Ġest
Intensity	Intensità
Lessons	Lezzjonijiet
Muscles	Muskoli
Music	Mużika
Orchestra	Orkestra
Practice	Prattika
Rehearsal	Provi
Rhythm	Ritmu
Skill	Ħila
Style	Stil
Technique	Teknika

Barbecues
Barbikjus

Chicken	Tiġieġ
Children	Tfal
Dinner	Pranzu
Family	Familja
Food	Ikel
Forks	Frieket
Friends	Ħbieb
Fruit	Frott
Games	Logħob
Grill	Grill
Hot	Sħun
Hunger	Ġuħ
Knives	Skieken
Music	Mużika
Salads	Insalati
Salt	Melħ
Sauce	Zalza
Summer	Sajf
Tomatoes	Tadam
Vegetables	Ħaxix

Beauty
Sbuħija

Charm	Seħer
Color	Kulur
Cosmetics	Kożmetiċi
Curls	Nokkli
Elegance	Eleganza
Elegant	Eleganti
Fragrance	Fwieħa
Grace	Grazzja
Lipstick	Lipstick
Makeup	Għamla
Mascara	Mascara
Mirror	Mera
Oils	Żjut
Photogenic	Fotoġenika
Products	Prodotti
Scissors	Imqass
Services	Servizzi
Shampoo	Shampoo
Skin	Ġilda
Stylist	Stilist

Bees
Naħal

Beneficial	Benefiċċju
Blossom	Fjur
Diversity	Diversità
Ecosystem	Ekosistema
Flowers	Fjuri
Food	Ikel
Fruit	Frott
Garden	Ġnien
Habitat	Abitat
Honey	Għasel
Insect	Insett
Plants	Pjanti
Pollen	Polline
Pollinator	Pollinatur
Queen	Reġina
Smoke	Duħħan
Sun	Xemx
Swarm	Sarġ
Wax	Xama'
Wings	Ġwienaħ

Birds
Għasafar

Canary	Kanarini
Chicken	Tiġieġ
Crow	F'Linja
Cuckoo	Cuckoo
Dove	Ħamiema
Duck	Papra
Eagle	Ajkla
Egg	Bajd
Flamingo	Flamingo
Goose	Wiżż
Heron	Heron
Ostrich	Nagħma
Parrot	Pappagall
Peacock	Pagun
Pelican	Pelican
Penguin	Pingwin
Sparrow	Sparrow
Stork	Ċikonja
Swan	Ċinju
Toucan	Toucan

Boats
Dgħajjes

Anchor	Ankra
Buoy	Baga
Canoe	Kenuri
Crew	Ekwipaġġ
Dock	Baċir
Engine	Magna
Ferry	Lanċa
Kayak	Kayak
Lake	Lag
Mast	Arblu
Nautical	Nawtiku
Ocean	Oċean
Raft	Ċattra
River	Xmara
Rope	Ħabel
Sailor	Baħri
Sea	Baħar
Tide	Marea
Waves	Mewġ
Yacht	Jott

Books
Kotba

Adventure	Avventura
Author	Awtur
Character	Karattru
Collection	Ġbir
Context	Kuntest
Duality	Konnessjoni
Historical	Storiku
Humorous	Umoristiku
Inventive	Inventiv
Literary	Letterarju
Narrator	Rakkont
Novel	Ġdid
Page	Paġna
Poetry	Poeżija
Reader	Qarrej
Relevant	Relevanti
Series	Serje
Story	Storja
Tragic	Traġiku
Written	Miktub

Boxing
Boxing

Bell	Qanpiena
Body	Korp
Chin	Il-Geddum
Corner	Kantuniera
Elbow	Minkeb
Exhausted	Eżawriti
Fighter	Ġellied
Fist	Fist
Focus	Tiffoka
Gloves	Ingwanti
Injuries	Feriti
Kick	Xutt
Opponent	Opponent
Points	Punti
Quick	Malajr
Recovery	Irkupru
Referee	Refere
Ropes	Ħbula
Skill	Ħila
Strength	Saħħa

Buildings
Bini

Apartment	Appartament
Barn	Barn
Cabin	Kabina
Castle	Kastell
Cinema	Ċinema
Embassy	Ambaxxata
Factory	Fabbrika
Hospital	Sptar
Hostel	Ħostel
Hotel	Lukanda
Laboratory	Laboratorju
Museum	Mużew
Observatory	Osservatorju
School	Skola
Stadium	Istadium
Supermarket	Supermarket
Tent	Tinda
Theater	Teatru
Tower	Torri
University	Università

Business
Negozju

Budget	Baġit
Career	Karriera
Company	Kumpanija
Cost	Spiża
Currency	Munita
Discount	Skont
Economics	Ekonomija
Employee	Impjegat
Employer	Min Iħaddem
Factory	Fabbrika
Finance	Finanzi
Income	Dħul
Investment	Investiment
Manager	Maniġer
Merchandise	Merkanzija
Money	Flus
Office	Uffiċċju
Sale	Bejgħ
Shop	Ħanut
Taxes	Taxxi

Camping
Ikkampjar

Adventure	Avventura
Animals	Annimali
Cabin	Kabina
Canoe	Kenuri
Compass	Boxxla
Equipment	Tagħmir
Fire	Nar
Forest	Foresti
Fun	Gost
Hat	Kappell
Hunting	Kaċċa
Insect	Insett
Lake	Lag
Map	Mappa
Moon	Qamar
Mountain	Muntanja
Nature	Natura
Rope	Ħabel
Tent	Tinda
Trees	Siġar

Chemistry
Kimika

Acid	Aċidu
Alkaline	Alkalin
Atomic	Atomika
Carbon	Karbonju
Catalyst	Katalist
Chlorine	Kloru
Electron	Elettron
Enzyme	Enżima
Gas	Gass
Heat	Sħana
Hydrogen	Idroġenu
Ion	Joni
Liquid	Likwidu
Molecule	Molekula
Nuclear	Nukleari
Organic	Organiċi
Oxygen	Ossiġnu
Salt	Melħ
Temperature	Temperatura
Weight	Piż

Circus
Ċirku

Acrobat	Akroba
Animals	Annimali
Balloons	Bżieżaq
Clown	Buffu
Costume	Kostum
Elephant	Iljunfant
Entertain	Divertiment
Juggler	Juggler
Lion	Iljun
Magic	Maġija
Monkey	Xadina
Music	Mużika
Parade	Parata
Show	Uri
Spectacular	Spettakolari
Spectator	Spettatur
Tent	Tinda
Ticket	Biljett
Tiger	Tigra
Trick	Tokk

Clothes
Ħwejjeġ

Apron	Fardal
Belt	Ċinturin
Blouse	Qamla
Bracelet	Brazzuletta
Coat	Kowt
Dress	Ilbies
Fashion	Moda
Gloves	Ingwanti
Hat	Kappell
Jacket	Ġakketta
Jeans	Jeans
Jewelry	Dehbijiet
Pajamas	- Maternità
Pants	Qliezet
Sandals	Sandlijiet
Scarf	Xalpa
Shirt	Qmis
Shoe	Żarbun
Skirt	Dublett
Sweater	Sweater

Coffee
Kafè

Acidic	Aċiduż
Beverage	Xorb
Bitter	Morr
Black	Iswed
Caffeine	Kaffeina
Cream	Krema
Cup	Tazza
Filter	Filtru
Flavor	Togħma
Grind	Itħan
Liquid	Likwidu
Milk	Ħalib
Morning	Filgħodu
Origin	Oriġini
Price	Prezz
Roasted	Inkaljat
Sugar	Zokkor
Variety	Varjetà
Water	Ilma

Countries #1
Pajjiżi #1

Brazil	Il-Brażil
Canada	Il-Kanada
Egypt	L-Eġittu
Finland	Il-Finlandja
Germany	Il-Ġermanja
Iraq	L-Iraq
Israel	L-Iżrael
Italy	L-Italja
Latvia	Il-Latvja
Libya	Il-Libja
Morocco	Il-Marokk
Nicaragua	In-Nikaragwa
Norway	In-Norveġja
Panama	Il-Panama
Poland	Il-Polonja
Romania	Ir-Rumanija
Senegal	Senegal
Spain	Spanja
Venezuela	Venezwela
Vietnam	Vjetnam

Countries #2
Pajjiżi #2

Albania	L-Albanija
Denmark	Id-Danimarka
Ethiopia	Etjopja
Greece	Il-Greċja
Haiti	Ħaiti
Jamaica	Il-Ġamajka
Japan	Il-Ġappun
Laos	Laos
Lebanon	Il-Libanu
Liberia	Il-Liberja
Mexico	Il-Messiku
Nepal	In-Nepal
Nigeria	Niġerja
Pakistan	Il-Pakistan
Russia	Russja
Somalia	Somalja
Sudan	Sudan
Syria	Is-Sirja
Uganda	Uganda
Ukraine	L-Ukrajna

Creativity
Kreattività

Artistic	Artistiku
Authenticity	Awtentiċità
Clarity	Ċarezza
Dramatic	Drammatiku
Emotions	Emozzjonijiet
Expression	Espressjoni
Feelings	Sentimenti
Ideas	Ideat
Image	Immaġni
Impression	Impressjoni
Inspiration	Ispirazzjoni
Intensity	Intensità
Intuition	Intwizzjoni
Inventive	Inventiv
Sensation	Sensazzjoni
Skill	Ħila
Spontaneous	Spontanja
Visions	Viżjonijiet
Vitality	Vitalità

Dance
Żfin

Academy	Akkademja
Art	Arti
Body	Korp
Choreography	Koreografija
Classical	Klassiku
Cultural	Kulturali
Culture	Kultura
Emotion	Emozzjoni
Expressive	Espressiv
Grace	Grazzja
Joyful	Ferrieħi
Jump	Aqbeż
Movement	Moviment
Music	Mużika
Partner	Sieħeb
Posture	Qagħda
Rehearsal	Provi
Rhythm	Ritmu
Traditional	Tradizzjonali
Visual	Viżwali

Days and Months
Jiem u Xhur

April	April
August	Awwissu
Calendar	Kalendarju
February	Frar
Friday	Il-Ġimgħa
January	Jannar
July	Lulju
March	Marzu
Monday	It-Tnejn
Month	Xahar
November	Novembru
October	Ottubru
Saturday	Is-Sibt
September	Settembru
Sunday	Il-Ħadd
Thursday	Il-Ħamis
Tuesday	It-Tlieta
Wednesday	L-Erbgħa
Week	Ġimgħa
Year	Sena

Diplomacy
Diplomazija

Adviser	Konsulent
Ambassador	Ambaxxatur
Citizens	Ċittadini
Civic	Ċivika
Community	Komunità
Conflict	Konflitt
Cooperation	Kooperazzjoni
Diplomatic	Diplomatika
Discussion	Diskussjoni
Embassy	Ambaxxata
Ethics	Etika
Government	Gvern
Humanitarian	Umanitarja
Integrity	Integrità
Justice	Ġustizzja
Politics	Politika
Resolution	Riżoluzzjoni
Security	Sigurtà
Solution	Soluzzjoni
Treaty	Trattat

Driving
Is-Sewqan

Accident	Aċċident
Brakes	Brejkijiet
Car	Karozza
Danger	Periklu
Driver	Xufier
Fuel	Fjuwil
Garage	Garaxx
Gas	Gass
License	Liċenzja
Map	Mappa
Motor	Mutur
Motorcycle	Motoċikletta
Police	Pulizija
Safety	Sigurtà
Speed	Veloċità
Street	Triq
Traffic	Traffiku
Transportation	Trasport
Truck	Trakk
Tunnel	Mina

Ecology
Ekoloġija

Climate	Klima
Communities	Komunitajiet
Diversity	Diversità
Drought	Nixfa
Fauna	Fawna
Flora	Flora
Global	Globali
Habitat	Abitat
Marine	Baħar
Marsh	Marsh
Mountains	Muntanji
Natural	Naturali
Nature	Natura
Plants	Pjanti
Resources	Riżorsi
Species	Speċi
Survival	Sopravivenza
Sustainable	Sostenibbli
Vegetation	Veġetazzjoni
Volunteers	Voluntiera

Electricity
Elettriku

Battery	Batterija
Bulb	Bozza
Cable	Kejbil
Electric	Elettriku
Electrician	Elettriċista
Equipment	Tagħmir
Generator	Ġeneratur
Lamp	Lampa
Laser	Laser
Magnet	Kalamita
Negative	Negattiv
Network	Netwerk
Objects	Oġġetti
Positive	Pożittiv
Quantity	Kwantità
Socket	Sokit
Storage	Ħażna
Telephone	Telefon
Television	Televiżjoni
Wires	Wajers

Energy
Enerġija

Battery	Batterija
Carbon	Karbonju
Diesel	Diesel
Electric	Elettriku
Electron	Elettron
Engine	Magna
Entropy	Entropija
Environment	Ambjent
Fuel	Fjuwil
Gasoline	Petrol
Heat	Sħana
Hydrogen	Idroġenu
Industry	Industrija
Motor	Mutur
Nuclear	Nukleari
Photon	Foton
Pollution	Tniġġis
Renewable	Rinnovabbli
Turbine	Turbina
Wind	Riħ

Engineering
Inġinerija

Angle	Angolu
Axis	Assi
Calculation	Kalkolu
Construction	Kostruzzjoni
Depth	Fond
Diagram	Dijagramma
Diameter	Dijametru
Diesel	Diesel
Energy	Enerġija
Friction	Frizzjoni
Levers	Lievi
Liquid	Likwidu
Machine	Magna
Measurement	Kejl
Motion	Mozzjoni
Motor	Mutur
Propulsion	Propulsjoni
Stability	Stabbiltà
Strength	Saħħa
Structure	Struttura

Ethics
Etika

Altruism	Altruwiżmu
Benevolent	Benevolenti
Compassion	Kompassjoni
Cooperation	Kooperazzjoni
Dignity	Dinjità
Diplomatic	Diplomatika
Honesty	Onestà
Humanity	L-Umanità
Integrity	Integrità
Kindness	Tjubija
Optimism	Ottimiżmu
Patience	Paċenzja
Philosophy	Filosofija
Rationality	Razzjonalità
Realism	Realiżmu
Reasonable	Raġonevoli
Respectful	Rispettuż
Tolerance	Tolleranza
Values	Valuri
Wisdom	Għerf

Family
Familja

Ancestor	Antenat
Aunt	Zija
Brother	Ħu
Child	Tfal
Childhood	Tfulija
Cousin	Kuġin
Daughter	Bint
Father	Missier
Grandfather	Nannu
Grandmother	Nanna
Grandson	Neputi
Husband	Raġel
Maternal	Materni
Mother	Omm
Nephew	Neputi
Niece	Neputija
Sister	Oħt
Twins	Tewmin
Uncle	Ziju
Wife	Mart

Farm #1
Razzett #1

Agriculture	Agrikoltura
Bee	Naħla
Bison	Bison
Calf	Għoġol
Cat	Qattus
Chicken	Tiġieġ
Cow	Baqra
Crow	F'Linja
Dog	Kelb
Donkey	Ħmar
Fence	Ċint
Fertilizer	Fertilizzant
Field	Qasam
Goat	Mogħoż
Hay	Tiben
Honey	Għasel
Horse	Żiemel
Rice	Ross
Seeds	Żerriegħa
Water	Ilma

Farm #2
Razzett #2

Animals	Annimali
Barley	Xgħir
Barn	Barn
Beehive	Doqqajs
Duck	Papra
Farmer	Bidwi
Food	Ikel
Fruit	Frott
Irrigation	Irrigazzjoni
Lamb	Ħaruf
Llama	Ħniex
Meadow	Mergħa
Milk	Ħalib
Orchard	Ġardina
Ripe	Misjur
Sheep	Nagħaġ
Shepherd	Ragħaj
Tractor	Trattur
Vegetable	Veġetali
Wheat	Qamħ

Fashion
Il-Moda

Boutique	Boutique
Buttons	Buttuni
Clothing	Ħwejjeġ
Comfortable	Komdu
Elegant	Eleganti
Embroidery	Rakkmu
Expensive	Għaljin
Fabric	Drapp
Lace	Bizzilla
Measurements	Kejl
Minimalist	Minimalista
Modern	Moderna
Modest	Modest
Original	Oriġinali
Pattern	Disinn
Practical	Prattika
Simple	Sempliċi
Style	Stil
Texture	Nisġa
Trend	Tendenza

Fishing
Sajd

Bait	Lixka
Basket	Basket
Beach	Bajja
Boat	Dgħajsa
Cook	Kok
Equipment	Tagħmir
Exaggeration	Eżaġerazzjoni
Fins	Xewk
Gills	Garġi
Hook	Ganċ
Jaw	Xedaq
Lake	Lag
Ocean	Oċean
Patience	Paċenzja
River	Xmara
Season	Staġun
Water	Ilma
Weight	Piż
Wire	Wajer

Flowers
Fjuri

Bouquet	Bukkett
Clover	Silla
Daisy	Daisy
Dandelion	Ċikwejra
Gardenia	Gardenia
Hibiscus	Hibiscus
Jasmine	Ġiżimin
Lavender	Lavanda
Lilac	Lelà
Lily	Ġilju
Magnolia	Magnolja
Orchid	Orkidea
Passionflower	Passionflower
Petal	Petal
Plumeria	Plumeria
Poppy	Peprin
Rose	Rose
Sunflower	Ġirasol
Tulip	Tulipani

Food #1
Ikel #1

Apricot	Berquq
Barley	Xgħir
Basil	Ħabaq
Carrot	Zunnarija
Cinnamon	Kannella
Garlic	Tewm
Juice	Meraq
Lemon	Lumi
Milk	Ħalib
Onion	Basla
Peanut	Karawett
Pear	Lanġas
Salad	Insalata
Salt	Melħ
Soup	Soppa
Spinach	Spinaċi
Strawberry	Frawli
Sugar	Zokkor
Tuna	Tonn
Turnip	Aqleb

Food #2
Ikel #2

Apple	Tuffieħ
Artichoke	Qaqoċċ
Banana	Banana
Bread	Ħobż
Celery	Karfus
Cheese	Ġobon
Cherry	Ċirasa
Chicken	Tiġieġ
Chocolate	Ċikkulata
Egg	Bajd
Eggplant	Brunġiel
Fish	Ħut
Grape	Għeneb
Ham	Perżut
Kiwi	Kiwi
Mushroom	Faqqiegħ
Rice	Ross
Tomato	Tadama
Wheat	Qamħ
Yogurt	Jogurt

Force and Gravity
Forza u Gravità

Axis	Assi
Center	Ċentru
Discovery	Skoperta
Distance	Distanza
Dynamic	Dinamika
Expansion	Espansjoni
Friction	Frizzjoni
Impact	Impatt
Magnetism	Manjetiżmu
Mechanics	Mekkanika
Momentum	Momentum
Motion	Mozzjoni
Orbit	Orbita
Physics	Fiżika
Pressure	Pressjoni
Properties	Proprjetajiet
Speed	Veloċità
Time	Ħin
Universal	Universali
Weight	Piż

Fruit
Frott

Apple	Tuffieħ
Apricot	Berquq
Avocado	Avokado
Banana	Banana
Berry	Berry
Cherry	Ċirasa
Coconut	Ġewż Tal-Indi
Fig	Fig
Grape	Għeneb
Guava	Gwava
Kiwi	Kiwi
Lemon	Lumi
Mango	Mango
Melon	Bettieħ
Nectarine	Nuċiprisk
Papaya	Papaja
Peach	Ħawħ
Pear	Lanġas
Pineapple	Ananas
Raspberry	Lampun

Garden
Ġnien

Bench	Bank
Bush	Bush
Fence	Ċint
Flower	Fjura
Garage	Garaxx
Garden	Ġnien
Grass	Ħaxix
Hose	Pajp
Orchard	Ġardina
Pond	Għadira
Rake	Inklinazzjoni
Rocks	Blat
Shovel	Pala
Soil	Ħamrija
Terrace	Terrazzin
Trampoline	Trampolin
Tree	Siġra
Vine	Dwieli
Weeds	Ħaxix Ħażin

Gardening
Ġardinaġġ

Blossom	Fjur
Botanical	Botaniku
Bouquet	Bukkett
Climate	Klima
Compost	Kompost
Container	Kontenitur
Dirt	Ħmieġ
Edible	Li Jittieklu
Exotic	Eżotiku
Floral	Fjuri
Foliage	Weraq
Hose	Pajp
Moisture	Umdità
Orchard	Ġardina
Seasonal	Staġjonali
Seeds	Żerriegħa
Soil	Ħamrija
Species	Speċi
Water	Ilma

Geography
Ġeografija

Altitude	Altitudni
Atlas	Atlas
City	Belt
Continent	Kontinent
Country	Pajjiż
Hemisphere	Emisfera
Island	Gżira
Latitude	Latitudni
Map	Mappa
Meridian	Meridjan
Mountain	Muntanja
North	Tramuntana
Ocean	Oċean
Region	Reġjun
River	Xmara
Sea	Baħar
South	Nofsinhar
Territory	Territorju
West	Il-Punent
World	Dinja

Geology
Ġeoloġija

Acid	Aċidu
Calcium	Kalċju
Cavern	Kavern
Continent	Kontinent
Coral	Qroll
Crystals	Kristalli
Cycles	Ċikli
Earthquake	Terremot
Erosion	Erożjoni
Fossil	Fossili
Lava	Lava
Layer	Saff
Minerals	Minerali
Molten	Imdewweb
Plateau	Plateau
Quartz	Kwarz
Salt	Melħ
Stalactite	Stalactite
Stone	Ġebla
Volcano	Vulkan

Geometry
Ġeometrija

Angle	Angolu
Calculation	Kalkolu
Circle	Ċirku
Curve	Kurva
Diameter	Dijametru
Dimension	Dimensjoni
Equation	Ekwazzjoni
Height	Għoli
Horizontal	Orizzontali
Logic	Loġika
Mass	Massa
Median	Medjan
Number	Numru
Parallel	Paralleli
Proportion	Proporzjon
Segment	Segment
Surface	Wiċċ
Symmetry	Simmetria
Theory	Teorija
Triangle	Triangolu

Government
Gvern

Citizenship	Ċittadinanza
Civil	Ċivili
Constitution	Kostituzzjoni
Democracy	Demokrazija
Discussion	Diskussjoni
District	Distrett
Equality	Ugwaljanza
Independence	Indipendenza
Judicial	Ġudizzjarja
Justice	Ġustizzja
Law	Liġi
Leader	Kap
Liberty	Libertà
Monument	Monument
Nation	Nazzjon
Peaceful	Paċi
Politics	Politika
Speech	Diskors
State	Stat
Symbol	Simbolu

Hair Types
Tipi ta 'Xagħar

Black	Iswed
Blond	Bjond
Braids	Nisġiet
Brown	Kannella
Colored	Ikkulurit
Curls	Nokkli
Curly	Kaboċċi
Dry	Niexef
Gray	Griż
Healthy	Saħħa
Long	Twil
Shiny	Tleqq
Short	Qasir
Silver	Fidda
Smooth	Lixxa
Soft	Artab
Thick	Ħoxna
Thin	Irqiq
White	Abjad

Health and Wellness #1
Saħħa u Benessri #1

Active	Attiv
Bacteria	Batterji
Bones	Għadam
Clinic	Klinika
Doctor	Tabib
Fracture	Ksur
Habit	Drawwa
Height	Għoli
Hormones	Ormoni
Hunger	Ġuħ
Medicine	Mediċina
Muscles	Muskoli
Nerves	Nervituri
Pharmacy	Farmaċija
Reflex	Rifless
Relaxation	Rilassament
Skin	Ġilda
Therapy	Terapija
Treatment	Trattament
Virus	Virus

Health and Wellness #2
Saħħa u Benessri #2

Allergy	Allerġija
Anatomy	Anatomija
Appetite	Aptit
Blood	Demm
Calorie	Kaloriji
Dehydration	Deidrazzjoni
Diet	Dieta
Disease	Mard
Energy	Enerġija
Genetics	Ġenetika
Healthy	Saħħa
Hospital	Sptar
Hygiene	Iġjene
Infection	Infezzjoni
Massage	Massaġġi
Nutrition	Nutrizzjoni
Recovery	Irkupru
Stress	Stress
Vitamin	Vitamina
Weight	Piż

Herbalism
Erbaliżmu

Aromatic	Aromatċi
Basil	Ħabaq
Beneficial	Benefiċċju
Culinary	Kulinari
Fennel	Bużbież
Flavor	Togħma
Flower	Fjura
Garden	Ġnien
Garlic	Tewm
Green	Aħdar
Ingredient	Ingredjent
Lavender	Lavanda
Marjoram	Marġura
Mint	Zekka
Parsley	Tursin
Plant	Pjanta
Quality	Kwalità
Rosemary	Klin
Saffron	Żagħfran
Thyme	Sagħtar

Hiking
Mixi

Animals	Annimali
Cliff	Irdum
Climate	Klima
Guides	Gwidi
Hazards	Perikli
Heavy	Tqal
Map	Mappa
Mosquitoes	Nemus
Mountain	Muntanja
Nature	Natura
Orientation	Orjentazzjoni
Parks	Parks
Preparation	Preparazzjoni
Stones	Ġebel
Summit	Summit
Sun	Xemx
Tired	Għajjien
Water	Ilma
Weather	Temp
Wild	Selvaġġi

House
Kamra

Attic	Attic
Broom	Xkupa
Curtains	Purtieri
Door	Bieb
Fence	Ċint
Fireplace	Nar
Floor	Art
Furniture	Għamara
Garage	Garaxx
Garden	Ġnien
Keys	Ċwievet
Kitchen	Kċina
Lamp	Lampa
Library	Librerija
Mirror	Mera
Roof	Saqaf
Room	Kamra
Shower	Doċċa
Wall	Ħajt
Window	Tieqa

Human Body
Ġisem Tal-Bniedem

Ankle	Għaksa
Blood	Demm
Bones	Għadam
Brain	Moħħ
Chin	Il-Geddum
Ear	Widna
Elbow	Minkeb
Face	Wiċċ
Finger	Saba
Hand	Id
Head	Ras
Heart	Qalb
Jaw	Xedaq
Knee	Irkoppa
Leg	Sieq
Mouth	Ħalq
Neck	Għonq
Nose	Imnieħer
Shoulder	Spalla
Skin	Ġilda

Insects
Insetti

Ant	Ant
Aphid	Afid
Bee	Naħla
Beetle	Ħanfusa
Butterfly	Farfett
Cicada	Werżieq
Cockroach	Wirdien
Dragonfly	Dragonfly
Flea	Briegħed
Grasshopper	Grasshopper
Hornet	Hornet
Ladybug	Ladybug
Larva	Larva
Locust	Ħarrub
Mantis	Mantis
Mosquito	Nemusa
Moth	Kamla
Termite	Termite
Wasp	Żunżan
Worm	Dudu

Jazz
Jazz

Album	Album
Applause	Ċapċip
Artist	Artist
Composer	Kompożitur
Composition	Kompożizzjoni
Concert	Kunċert
Drums	Tnabar
Emphasis	Enfasi
Famous	Famuż
Favorites	Favoriti
Genre	Ġeneru
Music	Mużika
New	Ġdid
Old	Qadim
Orchestra	Orkestra
Rhythm	Ritmu
Song	Kanzunetta
Style	Stil
Talent	Talent
Technique	Teknika

Landscapes
Pajsaġġi

Beach	Bajja
Cave	Għar
Cliff	Irdum
Desert	Deżert
Glacier	Glaċier
Hill	Hill
Iceberg	Iceberg
Island	Gżira
Lake	Lag
Mountain	Muntanja
Oasis	Oasis
Ocean	Oċean
Peninsula	Penisola
River	Xmara
Sea	Baħar
Swamp	Swamp
Tundra	Tundra
Valley	Wied
Volcano	Vulkan
Waterfall	Kaskata

Literature
Il-Letteratura

Analogy	Analoġija
Analysis	Analiżi
Anecdote	Anekdota
Author	Awtur
Biography	Bijografija
Comparison	Tqabbil
Conclusion	Konklużjoni
Description	Deskrizzjoni
Dialogue	Djalogu
Fiction	Finzjoni
Metaphor	Metafora
Narrator	Rakkont
Novel	Ġdid
Poem	Poeżija
Poetic	Poetiku
Rhyme	Rima
Rhythm	Ritmu
Style	Stil
Theme	Tema
Tragedy	Traġedja

Mammals
Mammiferi

Bear	Ors
Beaver	Kastur
Bull	Barri
Cat	Qattus
Coyote	Coyote
Dog	Kelb
Dolphin	Dniefel
Elephant	Iljunfant
Fox	Volpi
Giraffe	Giraffa
Gorilla	Gorilla
Horse	Żiemel
Kangaroo	Kanguru
Lion	Iljun
Monkey	Xadina
Rabbit	Fenek
Sheep	Nagħaġ
Whale	Balieni
Wolf	Lupu
Zebra	Żebra

Math
Matematika

Angles	Angoli
Arithmetic	Aritmetika
Circumference	Ċirkomferenza
Decimal	Deċimali
Diameter	Dijametru
Division	Diviżjoni
Equation	Ekwazzjoni
Exponent	Esponent
Fraction	Frazzjoni
Geometry	Ġeometrija
Numbers	Numri
Parallel	Paralleli
Perimeter	Perimetru
Polygon	Poligonu
Radius	Raġġ
Rectangle	Rettangolu
Square	Kwadru
Symmetry	Simmetria
Triangle	Triangolu
Volume	Volum

Measurements
Kejl

Byte	Byte
Centimeter	Ċentimetru
Decimal	Deċimali
Degree	Grad
Depth	Fond
Gram	Gramma
Height	Għoli
Inch	Pulzier
Kilogram	Kilogramm
Kilometer	Kilometru
Length	Tul
Liter	Litru
Mass	Massa
Meter	Metru
Minute	Minuta
Ounce	Uqija
Ton	Ton
Volume	Volum
Weight	Piż
Width	Wisa'

Meditation
Il-Meditazzjoni

Acceptance	Aċċettazzjoni
Attention	Attenzjoni
Awake	Stenbaħ
Breathing	Nifs
Calm	Kalma
Clarity	Ċarezza
Compassion	Kompassjoni
Emotions	Emozzjonijiet
Gratitude	Gratitudni
Habits	Drawwiet
Kindness	Tjubija
Mental	Mentali
Mind	Moħħ
Movement	Moviment
Music	Mużika
Nature	Natura
Peace	Paċi
Perspective	Perspettiva
Silence	Silenzju
Thoughts	Ħsibijiet

Music
Mużika

Album	Album
Ballad	Ballad
Chorus	Kor
Classical	Klassiku
Eclectic	Eklettiku
Harmony	Armonija
Instrument	Strument
Lyrical	Liriku
Melody	Melodija
Microphone	Mikrofonu
Musical	Mużikali
Musician	Mużiċist
Opera	Opra
Poetic	Poetiku
Rhythm	Ritmu
Rhythmic	Ritmiku
Sing	Ikanta
Singer	Kantant
Tempo	Tempo
Vocal	Vokali

Mythology
Mitoloġija

Archetype	Arketip
Behavior	Imġieba
Beliefs	Twemmin
Creation	Ħolqien
Creature	Kreatura
Culture	Kultura
Disaster	Diżastru
Heaven	Ġenna
Hero	Eroj
Heroine	Eroina
Immortality	Immortalità
Jealousy	Għira
Labyrinth	Sistema
Legend	Tifsira
Lightning	Sajjetti
Mortal	Mortali
Revenge	Vendetta
Strength	Saħħa
Thunder	Ragħad
Warrior	Gwerrier

Nature
Natura

Animals	Annimali
Arctic	L-Artiku
Beauty	Sbuħija
Bees	Naħal
Clouds	Sħab
Desert	Deżert
Dynamic	Dinamika
Erosion	Erożjoni
Fog	Ċpar
Foliage	Weraq
Forest	Foresti
Glacier	Glaċier
Mountains	Muntanji
Peaceful	Paċi
River	Xmara
Sanctuary	Santwarju
Serene	Seren
Tropical	Tropikali
Vital	Vitali
Wild	Selvaġġi

Numbers
Numri

Decimal	Deċimali
Eight	Tmienja
Eighteen	Tmintax
Fifteen	Ħmistax
Five	Ħames
Four	Erbgħa
Fourteen	Erbatax
Nine	Disgħa
Nineteen	Dsatax
One	Waħda
Seven	Sebgħa
Seventeen	Sbatax
Six	Sitta
Sixteen	Sittax
Ten	Għaxra
Thirteen	Tlettax
Three	Tlieta
Twelve	Tnax
Twenty	Għoxrin
Two	Tnejn

Nutrition
Nutrizzjoni

Appetite	Aptit
Balanced	Bilanċjat
Bitter	Morr
Calories	Kaloriji
Carbohydrates	Karboidrati
Diet	Dieta
Digestion	Diġestjoni
Edible	Li Jittieklu
Flavor	Togħma
Habits	Drawwiet
Health	Saħħa
Liquids	Likwidi
Nutrient	Nutrijent
Proteins	Proteini
Quality	Kwalità
Sauce	Zalza
Spices	Ħwawar
Toxin	Tossina
Vitamin	Vitamina
Weight	Piż

Ocean
L-Oċean

Algae	Alka
Boat	Dgħajsa
Coral	Qroll
Crab	Granċ
Dolphin	Dniefel
Eel	Sallur
Fish	Ħut
Jellyfish	Bram
Octopus	Qarnit
Oyster	Gajdra
Reef	Sikka
Salt	Melħ
Shark	Kelb Il-Baħar
Shrimp	Gamblu
Sponge	Sponża
Storm	Maltempata
Tuna	Tonn
Turtle	Fekruna
Waves	Mewġ
Whale	Balieni

Pets
Annimali Domestiċi

Cat	Qattus
Claws	Dwiefer
Collar	Kullar
Cow	Baqra
Dog	Kelb
Fish	Ħut
Food	Ikel
Goat	Mogħoż
Hamster	Ħamster
Leash	Ċinga
Lizard	Gremxula
Mouse	Ġurdien
Parrot	Pappagall
Paws	Saqajn
Puppy	Ġeru
Rabbit	Fenek
Tail	Denb
Turtle	Fekruna
Veterinarian	Veterinarju
Water	Ilma

Philanthropy
Filantropija

Challenges	Sfidi
Charity	Karità
Children	Tfal
Community	Komunità
Contacts	Kuntatti
Finance	Finanzi
Funds	Fondi
Generosity	Ġenerożità
Global	Globali
Goals	Għanijiet
Groups	Gruppi
History	Storja
Honesty	Onestà
Humanity	L-Umanità
Mission	Missjoni
Need	Bżonn
People	Nies
Programs	Programmi
Public	Pubbliku
Youth	Żgħażagħ

Physics
Fiżika

Atom	Atomu
Chaos	Kaos
Chemical	Kimiċi
Density	Densità
Electron	Elettron
Engine	Magna
Expansion	Espansjoni
Experiment	Esperiment
Formula	Formula
Frequency	Frekwenza
Gas	Gass
Magnetism	Manjetiżmu
Mass	Massa
Mechanics	Mekkanika
Molecule	Molekula
Nuclear	Nukleari
Particle	Partikolu
Relativity	Relazzjoni
Universal	Universali
Velocity	Veloċità

Plants
Pjanti

Bamboo	Bambu
Bean	Fażola
Berry	Berry
Botany	Botanika
Bush	Bush
Cactus	Kattus
Fertilizer	Fertilizzant
Flora	Flora
Flower	Fjura
Foliage	Weraq
Forest	Foresti
Garden	Ġnien
Grass	Ħaxix
Ivy	Ivy
Moss	Ħażiż
Petal	Petal
Root	Għerq
Stem	Zokk
Tree	Siġra
Vegetation	Veġetazzjoni

Professions #1
Professjonijiet #1

Ambassador	Ambaxxatur
Astronomer	Astronomu
Attorney	Avukat
Banker	Bankier
Cartographer	Kartografu
Coach	Kowċ
Dancer	Żeffien
Doctor	Tabib
Editor	Editur
Firefighter	Tan-Nar
Geologist	Ġeologu
Hunter	Kaċċatur
Jeweler	Ġojjellier
Musician	Mużiċist
Nurse	Infermiera
Plumber	Plumer
Psychologist	Psikologu
Sailor	Baħri
Tailor	Ħajtu
Veterinarian	Veterinarju

Professions #2
Professjonijiet #2

Astronaut	Astronawti
Biologist	Bijologu
Dentist	Dentist
Engineer	Inġinier
Farmer	Bidwi
Gardener	Ġardinar
Illustrator	Illustratur
Inventor	Inventur
Journalist	Ġurnalist
Librarian	Librar
Linguist	Lingwista
Painter	Pittur
Philosopher	Filosfu
Photographer	Fotografu
Physician	Tabib
Pilot	Pilota
Researcher	Riċerkatur
Surgeon	Kirurgu
Teacher	Għalliem
Zoologist	Żoologu

Psychology
Psikoloġija

Appointment	Ħatra
Assessment	Valutazzjoni
Behavior	Imġieba
Childhood	Tfulija
Clinical	Klinika
Cognition	Konjizzjoni
Conflict	Konflitt
Dreams	Ħolm
Ego	Ego
Emotions	Emozzjonijiet
Ideas	Ideat
Perception	Perċezzjoni
Personality	Personalità
Problem	Problema
Reality	Realtà
Sensation	Sensazzjoni
Subconscious	Subkonxju
Therapy	Terapija
Thoughts	Ħsibijiet
Unconscious	Sensih

Restaurant #2
Ristorant #2

Beverage	Xorb
Cake	Kejk
Chair	President
Delicious	Bnina
Dinner	Pranzu
Eggs	Bajd
Fish	Ħut
Fork	Furketta
Fruit	Frott
Ice	Silġ
Lunch	Ikla
Noodles	Taljarini
Salad	Insalata
Salt	Melħ
Soup	Soppa
Spices	Ħwawar
Spoon	Mgħarfa
Vegetables	Ħxejjex
Waiter	Wejter
Water	Ilma

Science
Xjenza

Atom	Atomu
Chemical	Kimiċi
Climate	Klima
Data	Dejta
Evolution	Evoluzzjoni
Experiment	Esperiment
Fact	Fatt
Fossil	Fossili
Gravity	Gravità
Hypothesis	Ipoteżi
Laboratory	Laboratorju
Method	Metodu
Minerals	Minerali
Molecules	Molekuli
Nature	Natura
Organism	Organiżmu
Particles	Partiċelli
Physics	Fiżika
Plants	Pjanti
Scientist	Xjenzat

Science Fiction
Fantaxjenza

Atomic	Atomika
Books	Kotba
Chemicals	Kimiċi
Cinema	Ċinema
Dystopia	Distopja
Explosion	Splużjoni
Extreme	Estrem
Fantastic	Meraviljuż
Fire	Nar
Futuristic	Futuristiku
Galaxy	Galassja
Illusion	Illużjoni
Imaginary	Immaġinarja
Mysterious	Misterjuż
Oracle	Oracle
Planet	Pjaneta
Robots	Robots
Technology	Teknoloġija
Utopia	Utopia
World	Dinja

Scientific Disciplines
Dixxiplini Xjentifiċi

Anatomy	Anatomija
Archaeology	Arkeoloġija
Astronomy	Astronomija
Biochemistry	Bijokimika
Biology	Bijoloġija
Botany	Botanika
Chemistry	Kimika
Ecology	Ekoloġija
Geology	Ġeoloġija
Immunology	Immunoloġija
Linguistics	Lingwistika
Mechanics	Mekkanika
Meteorology	Meteoroloġija
Mineralogy	Mineraloġija
Neurology	Newroloġija
Physiology	Fiżjoloġija
Psychology	Psikoloġija
Sociology	Soċjoloġija
Thermodynamics	Termodinamika
Zoology	Żooloġija

Shapes
Forom

Arc	Ark
Circle	Ċirku
Cone	Kon
Corner	Kantuniera
Cube	Kubu
Curve	Kurva
Cylinder	Ċilindru
Edges	Truf
Ellipse	Ellip
Hyperbola	Iperbola
Line	Linja
Oval	Ovali
Polygon	Poligonu
Prism	Priżma
Pyramid	Piramida
Rectangle	Rettangolu
Side	Naħa
Sphere	Sfera
Square	Kwadru
Triangle	Triangolu

Spices
Ħwawar

Anise	Ħlewwa
Bitter	Morr
Cardamom	Kardamomu
Cinnamon	Kannella
Clove	Sinna
Coriander	Korsandru
Cumin	Kemmun
Curry	Curry
Fennel	Bużbież
Fenugreek	Fenugreek
Flavor	Togħma
Garlic	Tewm
Ginger	Ġinġer
Nutmeg	Nutmeg
Onion	Basla
Paprika	Paprika
Saffron	Żagħfran
Salt	Melħ
Sweet	Ħelu
Vanilla	Vanilla

The Company
Il-Kumpanija

Business	Negozju
Creative	Kreattiv
Decision	Deċiżjoni
Employment	Impjieg
Global	Globali
Industry	Industrija
Innovative	Innovattivi
Investment	Investiment
Possibility	Possibbiltà
Product	Prodott
Professional	Professjonali
Progress	Progress
Quality	Kwalità
Reputation	Reputazzjoni
Resources	Riżorsi
Revenue	Dħul
Risks	Riskji
Trends	Xejriet
Units	Unitajiet
Wages	Pagi

The Media
Il-Mezzi Tax-Xandir

Advertisements	Reklami
Attitudes	Attitudnijiet
Commercial	Kummerċjali
Digital	Diġitali
Edition	Edizzjoni
Education	Edukazzjoni
Facts	Fatti
Funding	Finanzjament
Individual	Individwali
Industry	Industrija
Intellectual	Intellettwali
Local	Lokali
Magazines	Rivisti
Network	Netwerk
Newspapers	Gazzetti
Online	Online
Opinion	Opinjoni
Photos	Ritratti
Public	Pubbliku
Radio	Radju

Time
Ħin

Annual	Annwali
Before	Qabel
Calendar	Kalendarju
Century	Seklu
Clock	Arloġġ
Day	Jum
Decade	Għaxar Snin
Early	Kmieni
Future	Futur
Hour	Siegħa
Minute	Minuta
Month	Xahar
Morning	Filgħodu
Night	Lejl
Noon	Nofsinhar
Now	Issa
Soon	Dalwaqt
Today	Illum
Week	Ġimgħa
Year	Sena

Town
Belt

Airport	Ajruport
Bakery	Forn
Bank	Bank
Cinema	Ċinema
Clinic	Klinika
Florist	Florist
Gallery	Gallerija
Hotel	Lukanda
Library	Librerija
Market	Suq
Museum	Mużew
Pharmacy	Farmaċija
Restaurant	Ristorant
School	Skola
Stadium	Istadium
Store	Maħżen
Supermarket	Supermarket
Theater	Teatru
University	Università
Zoo	Żu

Universe
L-Univers

Asteroid	Asterojd
Astronomer	Astronomu
Astronomy	Astronomija
Atmosphere	Atmosfera
Celestial	Ċelesti
Cosmic	Kożmika
Darkness	Dlam
Eon	Eon
Equator	Ekwatur
Galaxy	Galassja
Hemisphere	Emisfera
Horizon	Orizzont
Latitude	Latitudni
Moon	Qamar
Orbit	Orbita
Sky	Sema
Solar	Solari
Solstice	Solstizju
Telescope	Teleskopju
Visible	Viżibbli

Vacation #2
Vaganza #2

Airport	Ajruport
Beach	Bajja
Destination	Destinazzjoni
Foreigner	Barrani
Holiday	Btala
Hotel	Lukanda
Island	Gżira
Journey	Vjaġġ
Leisure	Divertiment
Map	Mappa
Mountains	Muntanji
Passport	Passaport
Reservations	Riservi
Restaurant	Ristorant
Sea	Baħar
Taxi	Taxi
Tent	Tinda
Train	Ferrovija
Transportation	Trasport
Visa	Viża

Vegetables
Veġetali

Artichoke	Qaqoċċ
Carrot	Zunnarija
Cauliflower	Pastard
Celery	Karfus
Cucumber	Ħjar
Eggplant	Brunġiel
Garlic	Tewm
Ginger	Ġinġer
Mushroom	Faqqiegħ
Olive	Żebbuġa
Onion	Basla
Parsley	Tursin
Pea	Piżelli
Pumpkin	Qargħa Ħamra
Radish	Ravanell
Salad	Insalata
Shallot	Basal
Spinach	Spinaċi
Tomato	Tadama
Turnip	Aqleb

Vehicles
Vetturi

Airplane	Ajruplan
Ambulance	Ambulanza
Bicycle	Rota
Boat	Dgħajsa
Bus	Xarabank
Car	Karozza
Caravan	Karavan
Engine	Magna
Ferry	Lanċa
Helicopter	Ħelikopter
Motor	Mutur
Raft	Ċattra
Scooter	Scooter
Shuttle	Shuttle
Submarine	Sottomarini
Subway	Subway
Taxi	Taxi
Tires	Tajers
Tractor	Trattur
Truck	Trakk

Virtues #1
Virtujiet #1

Artistic	Artistiku
Charming	Ħelwa
Clean	Nadif
Confident	Kunfidenti
Curious	Kurjuż
Decisive	Deċiżiv
Efficient	Effiċjenti
Funny	Umoristiċi
Generous	Ġeneruż
Good	Tajba
Helpful	Utli
Imaginative	Immaġinattivi
Independent	Indipendenti
Intelligent	Intelliġenti
Modest	Modest
Passionate	Passjonat
Patient	Pazjent
Practical	Prattika
Reliable	Affidabbli
Wise	Għaqli

Weather
It-Temp

Atmosphere	Atmosfera
Breeze	Żiffa
Calm	Kalma
Climate	Il-Klima
Cloud	Sħaba
Drought	Nixfa
Dry	Xott
Fog	Ċpar
Hurricane	Uragan
Ice	Silġ
Lightning	Sajjetti
Polar	Polari
Rainbow	Qawsalla
Sky	Sema
Storm	Maltempata
Temperature	Temperatura
Thunder	Ragħad
Tornado	Tornad
Tropical	Tropikali
Wind	Riħ

Congratulations

You made it!

We hope you enjoyed this book as much as we enjoyed making it. We do our best to make high quality games.
These puzzles are designed in a clever way for you to learn actively while having fun!

Did you love them?

A Simple Request

Our books exist thanks your reviews. Could you help us by leaving one now?

Here is a short link which will take you to your order review page:

BestBooksActivity.com/Review50

MONSTER CHALLENGE!

Challenge #1

Ready for Your Bonus Game? We use them all the time but they are not so easy to find. Here are **Synonyms**!

Note 5 words you discovered in each of the Puzzles noted below (#21, #36, #76) and try to find 2 synonyms for each word.

Note 5 Words from *Puzzle 21*

Words	Synonym 1	Synonym 2

Note 5 Words from *Puzzle 36*

Words	Synonym 1	Synonym 2

Note 5 Words from *Puzzle 76*

Words	Synonym 1	Synonym 2

Challenge #2

Now that you are warmed-up, note 5 words you discovered in each Puzzle noted below (#9, #17, #25) and try to find 2 antonyms for each word.
How many lines can you do in 20 minutes?

Note 5 Words from *Puzzle 9*

Words	Antonym 1	Antonym 2

Note 5 Words from *Puzzle 17*

Words	Antonym 1	Antonym 2

Note 5 Words from *Puzzle 25*

Words	Antonym 1	Antonym 2

Challenge #3

Wonderful, this monster challenge is nothing to you!

Ready for the last one? Choose your 10 favorite words discovered in any of the Puzzles and note them below.

1.	6.
2.	7.
3.	8.
4.	9.
5.	10.

Now, using these words and within a maximum of six sentences, your challenge is to compose a text about a person, animal or place that you love!

Tip: You can use the last blank page of this book as a draft!

Your Writing:

Explore a Unique Store
Set Up **FOR YOU!**

MEGA DEALS

BestActivityBooks.com/**TheStore**

Designed for Entertainment!

Light Up Your Brain With Unique **Gift Ideas**.

Access **Surprising** And **Essential Supplies!**

CHECK OUT OUR MONTHLY SELECTION NOW!

- Expertly Crafted Products -

NOTEBOOK:

SEE YOU SOON!

Linguas Classics Team

BESTACTIVITYBOOKS.COM/FREEGAMES